중앙은행 디지털 화폐

커뮤니케이션이해총서

급변하는 커뮤니케이션 환경에서 새로운 지식에 대한 욕구가 높아지고 있습니다. 이러한 흐름에 발맞추어 하나의 커뮤니케이션 주제를 10개 항목으로 묶어서 달걀 꾸러미처럼 엮었습니다. 사회의 변화를 빠르게 알기 원하는 대중과 시대에 앞선 지식을 단시간에 알고자 하는 연구자, 실무자, 학생에게 도움이 되는 책입니다.

일러두기

- 인명, 작품명, 저서명, 개념어 등은 한글과 함께 괄호 안에 해당 국가의 원어를 병기했습니다.
- 외래어 표기는 현행 어문규정의 외래어표기법을 따랐습니다.

중앙은행 디지털 화폐

이건호

대한민국, 서울, 커뮤니케이션북스, 2025

중앙은행 디지털 화폐

지은이 이건호
펴낸이 박영률

초판 1쇄 펴낸날 2025년 11월 14일

커뮤니케이션북스(주)
출판 등록 2007년 8월 17일 제313-2007-000166호
02880 서울시 성북구 성북로 5-11
전화(02) 7474 001, 팩스(02) 736 5047
commbooks@commbooks.com
www.commbooks.com

CommunicationBooks Inc.
5-11, Seongbuk-ro
Seongbuk-gu, Seoul, 02880, KOREA
phone 82 2 7474 001, fax 82 2 736 5047

ISBN 979-11-430-1145-9 04300

책값은 뒤표지에 표시되어 있습니다.

차례

금융의 미래를 여는 화폐 혁신

디지털 화폐는 금융 혁신의 중요한 도구다. 경제 활동의 디지털화가 폭넓게 진전되고 암호 화폐와 스테이블 코인의 등장에 이어 자산의 토큰화가 급속히 확산되는 등 화폐 거래의 방법론과 제도적 환경이 빠르게 변하고 있다.

중앙은행이 디지털 화폐를 발행한다는 것은 사이버 공간에서 지폐나 동전을 대신할 화폐를 만든다는 정도의 단순한 의미가 아니다. 중앙은행 디지털 화폐(Central Bank Digital Currency, CBDC)는 지급 결제 시스템의 혁신을 통해 사이버 공간에서의 금융 및 실물 자산 거래 방법론을 근본적으로 변화시키고, 미래의 새로운 금융 시스템을 구축하는 핵심 요소다. 혁신에 속도를 더하고 효과를 극대화하기 위해서는 기존 화폐 시스템을 근본적으로 바꾸는 과정에서 발생할 수 있는 기술적 문제와 더불어 법률적·제도적·윤리적 측면의 문제를 종합적으로 검토해야 한다. 중앙은행이 앞장서서 다양한 이해관계자의 공감대를 형성하고, 치밀한 계획하에 체계적이고 지속적인 노력을 기울여야 한다.

CBDC가 견인할 화폐의 혁신과 금융 시스템의 미래를 예측하려면 디지털 화폐에 관련된 다양한 고려 요소와 함께 각국의 연구 및 협력 과정을 이해해야 한다. 각국 중앙은행들은 CBDC 연구에 적극적으로 자원을 투입하고 국제 결제 은행(Bank for International Settlements, BIS) 등 국제기구 중심의 상호 협력을 통해 제도적 환경을 정비하고 기술 표준을 확립하기 위해 진지한 노력을 기울이고 있다.

우리나라도 중앙은행인 한국은행을 중심으로 세계적 추세에 뒤처지지 않기 위해 적극적으로 연구와 시스템 구축 등을 추진해 왔다. 테스트 시스템을 구축해 수차례에 걸쳐 모의실험과 확장성 검증을 성공적으로 마무리했고, 관계 부처와 협력해 2025년 4월부터는 실제 상황에서 일반 이용자가 참여하는 실거래 테스트인 '프로젝트 한강'의 실행 단계에 돌입했다(한국은행 외, 2025).

중앙은행 디지털 화폐의 의의

대부분의 국가는 현금과 지급 준비금이라는 두 가지 형태의 중앙은행 화폐를 발행한다. 이와 달리 CBDC 개발에 관련된 노력은 구체적인 용도에 따라 소매(rCBDC), 도매(wCBDC), 다국가(mCBDC)의 세 가지 형태로 구분된다

(BIS, 2021). 디지털 환경의 다양한 거래 수요를 충족하고 금융 포용성과 효율성을 높이며, 국제 금융 시스템의 안정성을 강화하고 금융 혁신을 촉진하는 중요한 수단이 될 수 있도록 각 유형의 CBDC는 고유의 용도에 맞추어 각기 다른 개념과 방법론을 기반으로 설계된다.

소매 CBDC는 디지털 결제 시스템과 유기적으로 결합된 현금에 해당하는 개념이다. 일반 대중이 모바일 기기의 애플리케이션이나 디지털 지갑을 이용해 상품 및 서비스 거래의 결제에 사용한다. 대면 거래가 불가능한 디지털 환경에서 직접 중앙은행 화폐로 결제할 수 있기 때문에 거래의 신뢰성과 효율성을 높이는 데 효과적이다.

도매 CBDC는 금융 기관들이 대규모 거래의 결제나 지급 준비금의 용도로 사용한다. 중앙은행이 발행한 CBDC나 은행이 발행한 예금 토큰을 토큰화된 자산과 동시에 교환하는 인도 대 지급(Delivery vs Payment, DvP) 방식의 결제를 분산 원장 기술을 이용해 구현한다. 거래의 처리 속도와 효율성 개선은 물론 자산의 인도와 대금 결제의 시차를 없애 금융 기관 사이의 대규모 거래에 수반되는 결제 리스크를 제거할 수 있다.

다국가 CBDC는 국경 간 거래를 각국 중앙은행이 발행한 디지털 화폐로 직접 결제하는 데 사용된다. 현재의 국제 결제 시스템은 송금과 환전 등을 실행하기 위해 여러 단계에 걸쳐 복수의 금융 기관이 거래에 개입하기 때문에 시간과 비용이 많이 소요된다. 각국 중앙은행의 협력으로 분산 원장 기술 기반의 실시간 결제가 가능한 다국가 CBDC 플랫폼을 구축해서 운영하면 국경 간 거래에서 결제 리스크를 제거할 수 있다.

다국가 CBDC는 개념적으로 볼 때 국가별로 구축된 도매 CBDC 시스템을 상호 연결하면서 외환 시스템을 통합한 것과 유사하다. 그러나 실제로는 소매와 도매 어느 형태로도 구현이 가능하다. 각 국가의 은행이 각자의 CBDC를 이용해 거래하는 경우에도 연계된 외환 시스템을 통해 손쉽게 다른 나라 화폐와 교환할 수 있다. 현재 구체적 방법론에 대해 초국가적인 공동 연구가 활발히 진행 중이다.

소매와 도매 CBDC는 기존 중앙은행 화폐 체계와 유사해 보이지만 실질적인 운영 측면에서 미묘한 차이가 있다. 소매 CBDC는 중앙은행이 직접 암호 화폐와 유사한 방식으로 디지털 결제 시스템을 구축한 것에 가깝다. 그러나 도매 CBDC는 금융 기관들의 대규모 거래에 수반되는 결제 리스크를 제거하는 것이 본질적 기능이다.

현재 일반 대중은 결제 시 직접 현금을 인도하지 않고

은행의 예금을 기반으로 한 결제 시스템을 이용하는 경우가 많다. 중앙은행은 일반 대중의 현금 거래에 직접 관여하지 않지만 지급 준비금의 이체를 통해 은행 간 결제를 지원한다. 이처럼 일반 대중이 은행 화폐인 예금의 이체 방식으로 지급하면 은행들이 중앙은행 화폐로 결제해서 거래를 완료하는 지급 결제 시스템을 2중(two-tiered) 화폐 제도라 한다.

소매 용도로 CBDC를 설계할 때에는 중앙은행이 직접 발행 및 유통의 전 과정을 담당해서 일반 대중과 거래하거나 간접적으로 일반 대중과 은행의 거래를 지원하는 방식 중에서 선택이 가능하다. 후자의 경우 도매 CBDC에 지급 준비금의 기능을 부여해 2중 화폐 제도를 지원하는 기능을 수행하게 만들 수 있다.

중앙은행이 일반 대중의 소매 CBDC 거래를 직접 결제하면 은행이 개입할 거래 자체가 발생하지 않는다. 이 경우 소매 CBDC는 현금과 유사한 기능을 수행하기 때문에 2중 화폐 제도의 구성 요소가 아니다. 중앙은행이 은행 계좌를 통해 소매 CBDC를 일반 대중에게 전달하는 경우에도 마찬가지다. 개별 은행이 일반 대중의 계좌 간 소매 CBDC 이동을 관리하는 경우에도 도매 CBDC를 이용해서 결제해야 할 은행 간 거래는 발생하지 않는다. 은행 간 소매 CBDC 이동 총량을 중앙은행이 직접 파악해서 처리할 수 있기 때문이다.

CBDC에 대한 기대

BIS는 CBDC 중심 화폐 시스템 혁신의 중요성을 강조한다 (BIS, 2023). 분산 원장 기술이 투명성과 효율성을 높일 수는 있겠지만 통제받지 않는 다수가 관리하는 암호 화폐는 화폐 시스템의 안전성을 보장할 수 없기 때문이다. CBDC는 포용적이고 효율적이며 회복력 있는 금융 생태계를 구축하는 데 암호 화폐보다 안전한 도구다.

중앙은행은 CBDC 시스템을 구축해서 예금 토큰 중심의 2중 화폐 제도를 지원하고 다양한 자산을 토큰화해서 직접 거래할 수 있게 만들어 화폐 및 금융 시스템의 혁신을 주도해야 한다. 소매 CBDC는 기존의 2중 화폐 제도와 보완적 관계를 유지하면서 디지털 환경에서 일반 대중의 금융 거래를 더욱 효율적으로 만들어 미래의 금융 시스템 발전을 촉진하는 중요한 요소로 작용할 것이다. 그러나 현금이나 암호 화폐를 완전히 대체할 것으로는 기대하기 어렵다(International Monetary Fund, 2025).

CBDC는 금융 거래의 비용을 줄이고 실시간 결제를 가능하게 만들어 효율성을 높인다. 금융 거래의 투명성과 보안성을 강화하고 자금 세탁 및 탈세 등 불법 행위를 방지해 금융 시스템의 신뢰성과 안정성 증대에도 기여한다.

기존 화폐 시스템에서도 디지털 화폐는 이미 상당한 비중을 차지하고 있다. 그러나 은행 및 비은행 기업이 발행한 디지털 화폐는 발행자의 신용 위험에서 자유로울 수 없다. CBDC는 이러한 민간 디지털 화폐에 대한 의존도를 줄여 금융 시스템 안정에 기여할 수 있다.

스마트 콘트랙트(Smart Contract: 블록체인 기반 계약)는 자산의 토큰화(tokenization)를 지원해서 금융 거래의 자동화와 새로운 금융 상품 개발 등 혁신적 금융 서비스와 비즈니스 모델이 등장할 수 있는 기회를 제공한다. CBDC는 디지털 화폐와 토큰화된 자산을 거래하는 투명하고 효율적인 금융 시스템의 안전성을 보장하는 중요한 도구다. CBDC가 자산의 토큰화를 지원해야 금융 시장의 구조를 근본적으로 변화시켜 금융 산업의 발전을 촉진할 수 있다.

CBDC는 또한 통화 정책의 효과를 극대화하는 중요한 도구가 될 수 있다. 중앙은행이 화폐의 유통 데이터를 실시간으로 분석하면 보다 신속하고 정확하게 경제 상황을 파악할 수 있다. 통화 공급을 탄력적으로 조절하고 인플레이션에 대응하는 정책의 수립과 집행을 보다 효율화해 경제 안정을 도모할 수 있다.

많은 전문가가 CBDC 개발의 주요 목적으로 금융 포용성(financial inclusion)을 꼽는다. 현재 은행 서비스를 이용하지 못하는 사람들도 CBDC 시스템을 이용하게 만들어 금융 서비스 접근을 촉진하면 경제적 소외 계층의 빈곤 탈출과 경제 발전에 기여할 수 있다.

CBDC는 또 금융 시스템의 복원력과 신뢰성을 높인다. 전통적 은행 시스템을 대체하는 결제 시스템을 제공할 뿐만 아니라 위기 상황에도 서비스를 지속적으로 제공한다. 금융 기관과 핀테크(fintech) 기업의 경쟁을 촉진해서 신상품과 서비스 개발에 기여하고 혁신을 가속화할 수도 있다. 더 나아가 중앙은행의 신용도를 기반으로 국경 간 거래를 안전하고 비용 효율적으로 처리해 국제 무역과 경제 협력 촉진에도 기여할 수 있다.

시스템 구현 과제

다양한 기대 효과에도 불구하고 CBDC를 실제로 발행해서 사용하고 있는 국가는 아직 극소수에 불과하다. CBDC 시스템 구현은 중앙은행이 현재의 현금을 디지털 파일 형태로 변환하는 수준의 단순한 작업이 아니기 때문이다. 한 국가가 CBDC를 발행해서 기존 금융 시스템과 성공적으로 결합시키는 것은 지금까지와는 전혀 다른 새로운 화폐 시스템을 구축하는 어렵고 복잡한 작업이다(Auer & Böhme, 2020).

CBDC 구현을 위해서는 견고하고 안전한 기술 하부 구조가 무엇보다 중요하다. 법정 화폐로 사용할 디지털 화폐를 지원하는 시스템에 분산 원장 기술 같은 방법론을 적용하려면 안정적 운영이 가능한 물리적 여건이 먼저 갖춰져야 한다. 신뢰할 수 있는 분산 원장 관리 네트워크를 구축하고 시스템의 확장성을 확보해서 일반 대중의 빈번한 거래를 지연 없이 처리할 수 있어야 한다. 기술적 결함이나 해킹, 사기 등으로부터 시스템을 보호하는 사이버 보안도 필수적이다. 운영 과정에서 맞닥뜨릴 다양한 리스크에 대처하고 시스템의 원활한 작동을 보장하기 위한 체계적이고 종합적인 관리 전략도 필요하다.

분산 원장 기술로 구축된 CBDC 플랫폼을 전통적 은행 시스템 및 디지털 결제의 기존 하부 구조와 원활하게 통합하고 프로토콜을 표준화하는 것은 매우 복잡하고 어려운 작업이다. 기존의 지급 결제 시스템과 상호 운용성을 확보하는 문제의 중요성은 아무리 강조해도 지나치지 않다. 첨단 기술로 구축된 CBDC 시스템이라 하더라도 기존의 결제 시스템과 호환될 수 없다면 효율성을 따지기 이전에 유용성 자체가 큰 제약을 받을 수밖에 없다.

또한 개인 정보에 대한 무단 접근과 오용을 방지할 수 있는 강력한 데이터 보호 조치가 선행되지 않으면 투명성이 오히려 CBDC의 치명적 약점이 될 수도 있다. 화폐 시스템의 안정적 운영 및 소비자 보호, 자금 세탁 방지(Anti-Money Laundering, AML)와 테러 자금 조달 방지(Countering the Financing of Terrorism, CFT) 등의 규제 준수도 매우 중요하다. 투명성과 개인 정보 보호의 균형을 달성하기 위해 법률적 · 제도적 기반을 확립하는 과정은 현실적으로 매우 복잡한 문제가 될 수 있다. 명확한 법률 및 규제 프레임워크를 설정하고 데이터 보안을 확보하는 데 우선순위를 두어야 한다.

CBDC 시스템이 구축되면 통화 정책의 파급 경로와 효과가 이전과 크게 달라지기 때문에 중앙은행의 통화 정책 수립 및 시행 방법론에도 변화가 필요하다. 통화 정책의 효과가 보다 직접적이고 효과적으로 발현되는 환경이 조성되기 때문에 더욱 신중하게 통화 공급이 금리 등 전반적 경제 안정성에 미치는 영향을 고려할 필요가 있다. 탈중개화(disintermediation)에 따른 예금의 수요 변화 같은 잠재적 리스크도 적절히 관리할 수 있어야 한다.

CBDC의 가장 큰 장점 중 하나로 꼽히는 포용성 확대가 기대했던 만큼의 효과를 내지 못하거나 오히려 금융 소외를 악화할 가능성도 배제할 수 없다. 특히 계층 격차가 큰 사회에서 디지털 기기 접근이 어렵거나 디지털 기술의 이해(digital literacy)가 부족한 사람들의 금융 소외가 심화될 수 있다. CBDC의 광범위한 채택을 위해 기기 등의 접근성을 확보하고 새로운 화폐의 혜택과 위험에 대한 교육과 홍보를 통해 일반 대중이 보안성과 신뢰성에 대해 확신을 가질 수 있게 만들어야 한다(Wang, 2020).

이런 다양한 도전 과제를 효과적으로 극복할 수 있어야만 CBDC 시스템의 성공적인 구현이 가능하다. 중앙은행과 규제 당국의 신중한 계획 및 관련 금융 기관과 기타 이해관계자와의 협력의 중요성도 빼놓을 수 없다. 개별 국가의 CBDC 시스템 구현도 금융 시장의 글로벌화로 인해 단순한 국내 문제로 끝나지 않는다. 국경 간 결제를 위한 공통 표준과 프로토콜 확립을 위해 국제적 협력과 협조를 적극적으로 추구해야 한다.

CBDC와 지급 결제 시스템

화폐 시스템의 효율성과 지급 결제 시스템의 효율성은 분리될 수 없는 동전의 양면과 같다. 오늘날 화폐 거래는 현금 인도나 예금 이체뿐만 아니라 신용 카드와 이머니

(e-money) 등 예금을 기반으로 한 신속 결제 시스템(Fast Payment System, FPS)에도 상당 부분 의존한다. CBDC의 혁신 잠재력을 충분히 활용하려면 일반 대중이 사용하는 유일한 화폐가 되기는 어렵다는 것을 전제로 새로운 CBDC 하부 구조와 기존 지급 결제 시스템을 보완적 관계로 원활하게 연결해야 한다.

그렇기 때문에 중앙은행이 앞장서서 현재 사용되고 있는 현금 및 예금은 물론 예금 토큰과 스테이블 코인 같은 새로운 유형의 화폐와 CBDC의 올바른 관계 설정을 위해 노력해야 한다. CBDC가 기존의 결제 시스템과 원활하게 통합되어 지급 결제의 효율성을 높이고, 미래 금융 시스템의 발전을 이끌 수 있도록 경제적 · 사회적 · 정치적으로 복잡하고 다양한 문제에 대한 깊이 있는 연구와 논의가 필요하다.

현재의 전통적 은행 시스템은 여러 단계의 중개 과정을 거치기 때문에 결제 완료까지 시간과 비용이 많이 소요된다. 분산 원장 기술은 복잡한 중개 단계를 줄이고 실시간 결제를 가능하게 만들어 효율성을 높일 수 있다. 중앙은행이 기존 결제 시스템을 분산 원장 기술 기반 CBDC 하부 구조로 대체하는 것을 목표로 삼기보다는 양자의 연결이 결제 효율성에 장애 요인으로 작용하지 않도록 각별한 노력을 기울여야 한다.

금융 기관이 CBDC 기반 비즈니스 지원을 위한 새로운 하부 구조 투자를 정당화하기 위해서도 광범위한 이용자 기반을 확보할 필요가 있다. CBDC 시스템만으로 모든 결제를 처리할 필요는 없지만 일반 대중의 광범위한 참여는 매우 중요한 의미를 가진다. 금융 포용성의 측면에서도 CBDC 결제를 지원하는 하부 구조가 은행 계좌 및 민간 디지털 화폐를 이용하는 기존 결제 시스템과 상호 운용성을 확보해야 경제적으로 소외된 계층의 참여를 촉진할 수 있다.

중앙은행이 발행하는 소매 CBDC와 은행이 발행하는 예금 토큰은 사실상 동일한 기능을 수행한다. 2중 화폐 제도의 뒷받침으로 화폐의 단일성을 확보한 예금 토큰은 소매 CBDC와 보완적 경쟁 관계를 구축한다. 신용 리스크가 없는 CBDC는 금융 시스템의 안정성 확보에 도움이 되며 일반 대중은 예금 토큰으로 결제 효율성을 확보하면서 이자 수익을 확보할 수 있다.

현금과의 관계 설정도 중요하다. CBDC가 현금을 완전히 대체하는 것이 실질적으로 불가능하기 때문에 많은 국가가 현금과의 공존을 전제로 CBDC 개발에 임하고 있다(CGIDE, 2024). 모든 사람이 디지털 화폐를 사용하기도 어렵고 현금이 보다 편리한 특정 상황에 직면한 사람들도 많기 때문에 CBDC는 현금을 대체하는 것이 아니라 보완하는 역할을 해야 한다.

CBDC는 스테이블 코인과도 보완적 경쟁 관계를 확립해서 지급 결제의 효율성 향상을 위한 시너지를 창출해야 한다. 스테이블 코인은 암호 화폐 시장에 안정성을 제공하는 중요한 역할을 수행할 뿐만 아니라 이미 많은 사람이 국경 간 거래 및 실질적인 가치 저장 수단으로 사용하고 있다. 상당수 중앙은행이 스테이블 코인과 CBDC의 상호 운용성을 확보하고 사용자들에게 신뢰성과 안정성을 제공하는 방안을 마련하기 위해 노력하고 있다. 유럽 연합(European Union, EU)은 스테이블 코인에 대한 체계적 규제 방안을 마련했고, 미국은 트럼프 행정부 출범 이후 CBDC 발행보다는 스테이블 코인을 중심으로 한 지급 결제 환경 개선에 집중하는 것으로 정책을 변경했다.

프로그래머빌리티와 혁신

BIS는 디지털 화폐와 토큰화된 자산을 프로그래밍이 가능한 플랫폼에서 발행하고 스마트 콘트랙트를 이용해서 거래할 것을 주장한다. 스마트 콘트랙트는 사전에 거래 조건을 프로그램해서 사후적으로 조건부 거래를 실행한다.

분산 원장 기술은 복수의 노드가 협력과 견제를 통해 예약된 거래를 차질 없이 실행할 수 있게 만들어 준다. CBDC 시스템이 스마트 콘트랙트의 프로그래머빌리티(programmability: 조건부 거래의 자동 실행을 프로그램할 수 있는 속성)와 분산 원장 기술의 실행력을 결합해서 화폐 및 금융 시스템 혁신을 견인해야 한다.

스마트 콘트랙트의 자산 생성(asset generation) 기능을 이용하면 분산화된 네트워크가 관리하는 공유 원장을 이용해 실물 및 금융 자산의 소유권을 디지털 토큰 형태로 만들어 거래할 수 있다. 실물 및 금융 자산을 디지털 토큰으로 변환하면 거래 과정을 간소화하고 자동화해서 시간과 비용을 절감할 수 있다.

동일한 분산 원장을 기반으로 토큰 형태의 화폐와 자산을 발행하면 상호 운용성을 확보해서 인도 대 지급 방식의 거래를 자동화할 수 있다. 예를 들어 부동산 소유권을 토큰화한 후 스마트 콘트랙트를 이용해 매수자의 화폐 토큰과 매도자의 소유권 토큰을 맞교환하는 거래를 중개인이나 공증인의 개입 없이 안전하게 실행할 수 있다.

스마트 콘트랙트는 단순한 지급 결제의 효율성 향상을 넘어 금융 시장의 혁신과 경쟁을 촉진해서 소비자와 투자자에게 더 많은 선택권을 제공할 수 있다. 스마트 콘트랙트를 활용한 대출의 실행과 회수 등을 자동화하거나, 토큰화된 자산에 대한 투자 및 이익 배분 등을 자동화하는 등 새로운 금융 상품과 서비스를 설계할 수도 있다. 토큰화된 자산의 국경 간 결제를 실시간으로 처리해 환율 변동이나 중개 수수료의 불확실성을 완화할 수 있어, 국제 무역과 투자에도 중요한 혁신 동력이 될 수 있다.

BIS는 모든 형태의 디지털 화폐와 자산을 하나의 통합된 플랫폼에서 관리하는 것이 중요하다고 강조한다. 토큰화된 화폐와 자산의 상호 운용성을 확보해야 거래의 효율성을 높이고 금융 시스템의 투명성과 신뢰성을 강화할 수 있기 때문이다. 프로그래밍이 가능한 통합 원장(unified ledger)을 구축해서 CBDC, 예금 토큰, 토큰화된 자산을 동일 플랫폼상에서 거래할 수 있는 환경을 조성해야 디지털 화폐가 금융 혁신을 통해 경제 발전에 효과적으로 이바지할 수 있다.

초거대 글로벌 금융 그룹인 시티그룹은 규제 부채 네트워크(Regulated Liability Network, RLN)라는 개념을 제안했다(McLaughlin, 2021). CBDC와 은행 예금뿐만 아니라 비은행의 부채인 이머니까지 연결해서 네트워크 형태의 통합 디지털 화폐 시스템을 구축하는 것이다. 통합 네트워크를 통해 일반 대중이 다양한 디지털 화폐를 자유롭게 사용할 수 있게 되면 금융 시스템의 효율성과 안정성을 더욱 향상할 수 있다.

통합 원장을 확대해서 핀터넷(finternet)을 구축하자는 주장도 제기된다(Carstens & Nilekani, 2024). 규제 부채 네트워크와 유사한 개념인 핀터넷은 다양한 형태의 디지털 화폐와 자산을 하나의 네트워크로 연결해 글로벌 금융 시스템의 혁신을 촉진하는 것을 목표로 한다.

참고문헌

한국은행 · 금융위원회 · 금융감독원(2025.3.24). 디지털화폐 테스트(프로젝트 한강) 일반 이용자 실거래 실시 계획 및 이용자 모집 안내. 공보 2025-03-25호, https://www.bok.or.kr/portal/bbs/B0000502/view.do?nttId=10090447&menuNo=100847&pageIndex=1

Auer, R. & Böhme, R.(2020.3). The technology of retail central bank digital currency. *BIS Quarterly Review*, https://www.bis.org/publ/qtrpdf/r_qt2003j.htm

Bank for International Settlements(BIS)(2021). III. CBDCs: an opportunity for the monetary system. BIS Annual Economic Report 2021, https://www.bis.org/publ/arpdf/ar2021e3.pdf

Bank for International Settlements(2023). III. Blueprint for the future monetary system: improving the old, enabling the new. BIS Annual Economic Report 2023, https://www.bis.org/publ/arpdf/ar2023e3.pdf

Carstens, A. & Nilekani, N.(2024). Finternet: the financial system for the future. *BIS Working Papers, 1178*, Bank for International Settlements, https://www.bis.org/publ/work1178.pdf

Consultative Group on Innovation and the Digital Economy(CGIDE)(2024). A proposal for a retail central bank digital currency(CBDC) architecture. Bank for International Settlements, https://www.bis.org/publ/othp89.pdf

International Monetary Fund(2025). Central bank digital currency: Virtual handbook, https://www.imf.org/en/Topics/digital-payments-and-finance/central-bank-digital-currency/virtual-handbook

McLaughlin, T.(2021). The Regulated Internet of Value. Treasury and Trade Solutions, https://www.citibank.com/tts/articles/article191.html

Wang, J.(2020.8.29). Two Tiered Monetary System, https://fedguy.com/two-tiered-monetary-system/

01

화폐 시스템과 중앙은행의 역할

예금의 가치는 개별 은행의 신용도에 따라 달라질 수 있다. 일반 대중이 중앙은행 화폐인 현금과 은행 예금 간의 일대일 교환이 가능하다는 믿음을 갖지 못하면 예금을 현금과 동등한 교환의 매개체로 사용할 수 없다.

화폐와 가치

화폐(money)는 특정 공동체 내에서 대다수 구성원이 교환의 매개체(medium of exchange)로 사용하는 유 · 무형의 사물이다. 특정 공동체의 구성원들이 특정 시점에 사용하고 있는 화폐를 통화(currency)로 정의하기도 하지만 일반적으로 통화와 화폐는 명확히 구분하지 않는다.

사물 혹은 용역과 화폐를 교환하는 행위를 화폐 거래, 화폐를 제공하는 행위를 지급(payment)이라 한다. 대부분 공동체는 표준화된 단위의 사물을 화폐로 사용하며, 개별 거래에서 특정 사물 혹은 용역의 대가로 지급할 화폐의 수량인 가격(price)은 거래 당사자들이 주관적 효용에 따라 합의해 결정한다. 경쟁 시장 원리에 따라 결정된 사물 혹은 용역의 가격을 가치(value)라 부르기도 한다. 사물이나 용역의 상대적 가치를 산정할 때 계산의 단위(unit of account)로 화폐를 사용하지만 화폐 자체는 가격이 변하지 않아 가치의 저장 수단(store of value)으로 이용된다.

공동체 구성원들은 화폐로 사용할 사물을 사회적 합의에 의해 결정한다. 역사적으로 여러 시대, 다수의 국가에서 금과 같은 귀금속이나 상품(commodity)을 화폐로 사용했다(Tacanho, 2024). 이를 상품 화폐라 한다. 사람들은 자신이 원하는 사물이나 용역을 보유한 사람들이 상품 화폐와의 교환에 응할 것이라는 믿음을 가지고 자신이 가진 사물이나 용역을 상품 화폐와 교환한다. 상품 고유의 효용보다는 사회적 관행이 상품 화폐의 가치를 지탱하는 경우가 많다. 즉, 공동체 구성원 대다수가 상품의 가치를 인정하는 경우에만 상품 화폐가 제 기능을 수행할 수 있다.

국가가 특정 형태의 사물을 화폐로 사용할 것을 칙령이나 법률로 강제하는 경우도 있다. 이를 법정 화폐(legal tender)라 한다. 법정 화폐는 본위 화폐(standard money)와 명목 화폐(fiat money)로 나뉜다.

본위 화폐 제도에서는 국가 혹은 그 대리인이 일정 수량의 금과 같은 자산을 화폐와 교환해 준다는 약속, 즉 태환성(convertibility)을 전제로 법정 화폐를 발행한다. 태환 화폐는 법정 화폐지만 태환 화폐의 가치를 지탱하는 것은 화폐와 교환될 본위 자산(standard asset)의 가치다. 국가가 교환 가능한 충분한 수량의 본위 자산을 보유하고 있다는 신뢰가 없으면 태환 화폐가 가치를 유지하기 어렵다.

오늘날 대부분의 국가는 태환성이 없는 법정 화폐인 명목 화폐를 발행한다. 교환이 보장된 자산이 존재하지 않는 명목 화폐의 가치를 지지하는 것은 오직 국가가 이를 교환의 매개체로 선포했다는 사실뿐이다. 이는 화폐의 가치를 뒷받침하는 본위 자산의 역할을 국가가 대국민 서비스와 교환해 준다는 약속으로 대체한 것으로 볼 수도 있다. 국가는 세금을 징수하고 그 대가로 포괄적인 대국민 서비스를 제공하며, 그 외에도 인감 증명서 발급처럼 다양한 개별 서비스를 유상으로 제공한다. 국민은 세금을 납부하거나 국가의 유상 서비스에 대한 수수료를 지불하는 데 법정 화폐를 사용한다. 일반 대중은 국가 권력의 영향하에 경제 활동을 영위하기 때문에 누구나 어떤 형태로든 정부와의 거래가 불가피해서 일반적 화폐 거래에도 기꺼이 명목 화폐를 사용한다(AdroFx, 2025).

중앙은행 화폐와 은행 화폐

화폐 제도를 구성하는 가장 기본적 요소는 중앙은행 화폐(central bank money), 즉 중앙은행이 직접 발행한 화폐다(BIS, 2023). 본위 화폐 제도에서 충분한 수량의 본위 자산을 확보하고 중앙은행 화폐를 발행하는 것, 즉 태환성의 유지가 중앙은행의 가장 중요한 의무다. 중앙은행은 누구나 태환성을 손쉽게 확인할 수 있도록 중앙은행 화폐 발행액을 부채, 그 가치를 뒷받침하는 본위 자산의 보유액을 자산으로 자신의 대차 대조표에 기록해서 공표한다.

명목 화폐 제도를 채택한 국가의 중앙은행도 중앙은행 화폐의 발행액을 자신의 대차 대조표에 부채로 기재해서 관리한다(Hawkins, 2023). 이는 본위 화폐 제도 시절의 관행과 복식 부기의 형식적 요건을 따른 것일 뿐 중앙은행이 실질적인 채무의 이행 책임을 부담한다는 의미가 아니다. 중앙은행은 통화 정책 등을 통해 시장의 수요와 공급을 조절하는 등 명목 화폐의 가치를 안정적으로 유지할 책임이 있지만 대차 대조표상의 부채처럼 상환 의무가 있는 것은 아니다. 마찬가지로 명목 화폐인 중앙은행 화폐를 일반 대중에게 서비스를 제공할 국가의 채무라고 보기도 어렵다.

중앙은행 화폐 중 하나인 현금은 액면 금액이 기재된 증서다. 지폐나 동전 같은 물리적 실체를 가진 현금은 점유에 의해서만 소유권이 확인되어 대면 거래 방식의 지급만 가능하다. 온라인을 포함한 다양한 거래가 현금으로 지급할 수 없거나 있어도 비효율적이기 때문에 당사자들이 직접 현금을 주고받지 않고도 거래가 가능하게 은행이 중개자로 개입해서 도와준다.

은행의 기본적 기능은 고객 소유의 현금을 금고에 보관해 두었다가 고객의 지시(order)에 따라 당사자 혹은 제3자에게 인도하는 것이다. 예금(deposit)은 개별 은행이 보관하고 있는 고객 소유의 현금을 지칭한다. 은행은 고객별로 예금 계좌를 만들어 인도해야 할 현금의 수량인 잔액(balance)을 기록한다. 예금의 크기는 고정되어 있지 않으며, 예금주가 인출을 요구하면 은행이 계좌에 기록된 잔액을 감액하고 동일 금액의 현금을 인도한다. 현금 인도 대신 은행이 관련 고객의 예금 계좌 잔액을 감액 및 증액하는 방식으로 고객 간 지급을 처리하는 것을 이체(transfer)라 한다. 예금은 은행의 도움으로 실질적인 화폐의 기능을 수행할 수 있어 은행 화폐(bank money)라 불린다.

2중 화폐 제도

은행이 직접 현금을 인도해야 할 의무를 부담하는 예금은 예금주에 대한 개별 은행의 부채다. 동일 은행의 고객 간 이체는 은행의 부채 총액을 변화시키지 않는다. 다른 은행에 계좌를 보유한 고객 간 이체의 경우 지급 은행은 고객 계좌의 예금 잔액 감소와 더불어 은행의 부채 총액이 감소한다. 그러나 수취 은행은 고객 계좌의 예금 잔액과 은행의 부채 총액이 함께 증가한다. 예금의 이체는 은행 간 결제(settlement)가 처리되어야 완료된다. 즉, 수취 은행은 동일 금액의 현금이나 자산을 지급 은행에서 인도받은 후 고객 계좌의 예금 잔액을 증액한다(Bank of Canada et al., 2018).

결제를 위한 자산의 인도는 지급 은행의 책임이다. 은행은 다수의 고객과 거래하기 때문에 개별 고객이 이체를 지시할 때마다 현금을 주고받는 것은 비효율적이다. 은행들이 일정한 주기마다 현금을 정산하면 쉽게 해결될 수 있는 문제지만 개별 은행의 신용도 차이가 걸림돌이 될 수 있다. 수취 은행이 부채를 인수한 후 지급 은행이 지급 불능에 빠지는 결제 리스크를 무시할 수 없기 때문이다.

법정 화폐를 발행할 권한을 가진 중앙은행은 개별 은행들이 직접 현금을 주고받지 않고 결제 리스크를 해결할 수 있게 도와준다. 은행 간 결제를 처리하기 위해 중앙은행이 관리하는 장부에 개설된 은행별 계좌를 이용하는 방식이다. 중앙은행의 장부에 기록된 개별 은행이 현금으로 인출할 수 있는 금액을 중앙은행 예치금 혹은 지급 준비금(reserve)이라 한다. 지급 준비금을 도매 중앙은행 화폐라 불러 소매 용도의 현금과 구분하기도 한다(John, 2000).

은행 간 예금 이체를 중앙은행 화폐로 결제하는 제도를 2중 화폐 제도(two-tiered monetary system)라 한다(Wang, 2020). 예금의 가치는 개별 은행의 신용도에 따라 달라질 수 있다. 은행 예금과 일반 대중이 중앙은행 화폐인 현금의 일대일 교환이 가능하다는 믿음을 갖지 못하면 예금을 현금과 동등한 교환의 매개체로 사용할 수 없다. 중앙은행이 예치금 계좌를 이용해서 은행 간 예금 이체에 수반되는 결제 리스크를 제거해 주면 일반 대중이 모든 예금과 현금의 가치를 동일한 것으로 인식할 수 있어 화폐의 단일성(singleness of money)을 확보할 수 있다. 중앙은행은 2중 화폐 제도의 무결성(integrity)을 유지하기 위해 개별 은행이 항상 충분한 지급 준비금을 확보하도록 감독한다.

참고문헌

AdroFx(2025). Fiat money: Definition, examples, and its role in modern economies, https://adrofx.com/blog/fiat-money-definition-examples-and-its-role-modern-economies

Bank of Canada, Bank of England, & Monetary authority of Singapore(2018). Cross-border interbank payments and settlements: Emerging opportunities for digital transformation, https://www.bankofengland.co.uk/-/media/boe/files/report/2018/cross-border-interbank-payments-and-settlements

Bank for International Settlements(2023). The role of central bank money in payment systems. *CPMI Papers, 55,*

https://www.bis.org/cpmi/publ/d55.pdf
Hawkins, J.(2023). Central bank balance sheets and fiscal operations. BIS Papers No 20. Bankfor International Settlements, https://www.bis.org/publ/bppdf/bispap20d.pdf
John, N.(2000). 9 Central Bank Reserves Management. in *Sovereign Assets and Liabilities Management.* Folkerts-Landau, D. F. I. Folkerts-Landau & M. Cassard(Ed). International Monetary Fund, https://www.elibrary.imf.org/display/book/9781557756947/ch009.xml
Tacanho, M.(2024.5.22). Money demystified: Understanding why, how, and what it is. *Afrindependent Institute Paper*, No. 02-EN/2024, Available at SSRN, https://ssrn.com/abstract=4790611
Wang, J.(2020.8.29). Two Tiered Monetary System, https://fedguy.com/two-tiered-monetary-system/

02

중앙은행 디지털 화폐

대표적 디지털 화폐에는 암호 화폐와 중앙은행 디지털 화폐가 있다. 이들은 분산된 데이터베이스에 거래 기록을 원장 형태로 관리하는 분산 원장 기술을 활용하는 등 기술적 측면에서 여러 공통점을 가진다. 그러나 근본적으로 목적이 달라 설계 방식, 특성, 시사점에 뚜렷한 차이가 있다.

디지털 화폐의 의의

디지털 화폐는 지폐나 동전과 같은 실체가 없이 디지털 데이터 형태로 가상 공간에만 존재한다. 데이터베이스에 소유권을 등록하고 명의 변경이나 이체와 유사한 방식으로 지급을 처리한다. 적법한 소유권자가 인터넷 등 통신 수단을 이용해 제3자 이전을 지시하면 데이터베이스의 관리자가 기록을 업데이트해서 지급을 완료한다. 모바일 뱅킹(mobile banking)을 이용하면 은행 예금도 디지털 화폐와 유사한 방식의 지급이 가능하지만 수표나 창구 거래 등 오프라인 거래의 지급도 처리할 수 있어 디지털 화폐로 분류하지 않는다.

디지털 화폐는 화폐의 본질에 대한 인식을 획기적으로 전환시킨 중요한 혁신이다(Bhatia, 2021). 기술 발전에 따라 금융 환경이 빠르게 진화하는 가운데 첨단 기술을 활용해서 다양한 개념과 방식으로 지급에 필요한 기능을 구현할 수 있게 되었기 때문이다. 거래의 효율성과 보안을 강화하는 것은 물론, 금융 포용성 확대를 위한 새로운 기회를 제공할 수도 있다.

암호 화폐(cryptocurrency)와 중앙은행 디지털 화폐(Central Bank Digital Currency, CBDC)는 대표적인 디지털 화폐다. 디지털 화폐가 경제와 사회에 미치는 영향은 방법론에 따라 크게 달라진다. 근본적으로 목적이 다른 암호 화폐와 CBDC는 설계 방식과 특성 및 시사점에 뚜렷한 차이가 있다. 그러나 거래 기록을 분산된 데이터베이스에 원장(ledger) 형태로 기록해서 관리하는 등 기술적 측면에서는 공통점도 많다.

암호 화폐인 비트코인(Bitcoin)은 분산 원장 기술을 이용해 거래의 투명성과 데이터베이스의 무결성을 동시에 확보했다. 블록체인(blockchain)은 모든 개별 거래 데이터, 즉 트랜잭션(transaction)을 블록 형태로 그룹화한 후 순차적으로 연결한 형태의 데이터베이스다. 암호 화폐의 소유권을 블록체인에 기록하면 발행 이후 소유권 변경의 전 과정을 모두 추적할 수 있다. 분산화 네트워크가 이런 데이터베이스를 관리하면 일부 노드가 임의로 정보를 변경하는 것이 불가능하기 때문에 매우 높은 수준의 보안과 신뢰를 제공할 수 있다(이건호, 2021).

분산 원장 기술은 CBDC의 중요한 기술적 기반이 된다. 피어투피어(Peer to Peer, P2P) 방식으로 보다 빠르고 비용 효율적인 거래 처리가 가능하고 특정 중개자에 대한 의존도를 줄일 수 있다. 다수의 소규모 시스템들로 구성된 네트워크로 막대한 투자를 필요로 하는 은행 시스템을 통해서만 달성 가능한 높은 수준의 효율성과 안전성을 확보할 수 있다. 현재 국경 간 결제(cross-border payment)는 관련국 은행들이 여러 단계의 확인 과정을 거치기 때문에 거래 처리 시간의 지연과 비용 증가가 불가피하다. 국경 간 결제에 분산 원장 기술을 이용하면 모든 이해관계자가 실시간으로 정보를 공유해서 보다 안전하고 효율적인 처리가 가능하다(Barr et al., 2021). 하지만 많은 국가의 중앙은행은 CBDC 발행에 분산 원장 기술을 적용하되 암호화폐처럼 극단적 분산화를 추구하는 대신 중앙화된 네트워크를 활용하는 방안을 검토 중이다.

토큰 기반 화폐와 계좌 기반 화폐

2중 화폐 제도는 일반 대중의 소매 거래에 은행 화폐인 예금, 은행 간 도매 거래에 중앙은행 화폐인 예치금을 사용한다. 중앙은행과 개별 은행은 예치금과 예금을 각각 은행별 및 고객별 계좌 형태로 잔액을 기록하고 관리한다. 일반 대중이 보유한 현금은 중앙은행 및 은행 데이터베이스에 개별적으로 기록되지 않는다.

계좌 단위의 기록으로 소유권을 관리하는 중앙은행 예치금과 은행 예금은 계좌 기반(account-based), 개별적 증서의 보유로 소유권을 확인하는 현금은 토큰 기반(token-based) 화폐로 분류한다. 2중 화폐 제도는 계좌 기반 화폐를 지원하는 시스템이며, 중앙은행이 모든 은행 예금과 현금의 등가 교환을 지원해서 소매 화폐의 단일성을 실효적으로 확보한다.

디지털 화폐의 경우 토큰 기반 화폐와 계좌 기반 화폐의 구분은 기술적으로 큰 차이가 없다. 계좌 기반 화폐는 화폐의 소유권과 신분(identity)에 관련된 정보를 연결해서 은행과 같은 중개자가 관리한다는 정도의 의미로 해석하면 된다(Chan, 2021).

분산 원장 기술로 발행된 디지털 화폐는 원칙적으로 거래되는 화폐의 수량과 소유권 정보가 모두 개별 트랜잭션에 포함된다. 네트워크 노드(node)의 검증을 거친 모든 개별 트랜잭션이 분산된 데이터베이스에 보관되기 때문에 화폐의 소유 현황을 계좌 단위로 집계한 데이터를 별도로 보관할 필요가 없다.

스마트 콘트랙트(smart contract)를 이용해 디지털 화폐를 발행하는 경우 스마트 콘트랙트 자체가 계좌 단위로 소유권 현황을 관리한다. 이때 계좌는 주소(address)와 실질적으로 동일한 개념이며, 은행 예금처럼 소유주 신분에 대한 정보를 포함하지는 않는다.

CBDC를 도매 거래, 즉 은행 간 결제를 위한 화폐로 발행하는 경우 토큰 기반 화폐의 형태를 취한다는 것은 아무

런 의미가 없다. 소매 거래를 위해 CBDC를 발행하는 경우 네트워크의 노드들이 트랜잭션을 처리해야만 데이터베이스에 기록된 소유권 이전이 완료된다. 지폐나 동전같이 유형의 실체를 가진 현금과는 전혀 다른 성격의 화폐가 될 수밖에 없다.

소매 CBDC를 토큰 기반 화폐 형태로 발행한다는 것은 개인의 신분에 관한 정보를 트랜잭션에 포함되는 소유권 식별 정보로 사용하지 않는다는 것을 의미할 뿐이다. 토큰 기반 CBDC가 실명 확인 절차를 거친 지갑을 사용해야 거래가 가능하다면 지갑이 계좌의 의미를 갖게 되고, 비실명 계좌가 허용되면 계좌 기반 CBDC도 익명 거래가 가능하다.

암호 화폐 방법론과 CBDC

암호 화폐의 경우 특정 개인 혹은 집단이 임의로 발행한 디지털 화폐를 불특정 다수의 일반 대중이 법적 근거 없이 교환의 매개체로 사용한다. 탈중앙화를 추구하기 때문에 기존 금융 상품이나 CBDC와 달리 규제 및 감독의 사각지대에서 거래되는 경우가 많다. 다수의 노드로 구성된 네트워크에 의해 운영되는 P2P 전자 현금 시스템인 비트코인이 대표적 사례다.

대부분의 암호 화폐는 토큰 기반 디지털 화폐다. 블록체인은 누구에게나 공개되지만 암호 기법 덕분에 개인의 신분을 공개하지 않고도 결제를 완료할 수 있다. 금액과 소유권을 확인하고 제3자에게 이전하는 방법론을 모두 트랜잭션에 기록해서 데이터베이스인 블록체인에 보관하기 때문에 소유권 이전을 처리하는 데 계좌를 사용할 필요가 없고, 분산화된 네트워크가 은행 시스템 수준의 보안성과 효율성을 제공한다. 계좌 기반 화폐와 유사한 이더리움(Ethereum)도 방법론 측면에서 비트코인과 실질적 차이가 크지 않다.

암호 화폐 혹은 가상 화폐(virtual currency)라는 표현은 그 자체로 민간이 임의로 발행한 디지털 화폐이기 때문에 중앙은행이 가치를 뒷받침하지 않는다는 점을 강조한다. 그러나 명목 화폐는 원래 다른 사람들이 교환의 매개체로 사용할 것이라는 일반 대중의 신뢰를 기반으로 화폐의 역할을 수행한다는 점에서 암호 화폐와 크게 다르지 않다. 일반 대중은 은행이 아닌 거래소(exchange)나 P2P 방식의 매매를 통해 암호 화폐를 현금화할 수 있지만 화폐의 단일성, 즉 현금 및 은행 예금과의 등가 교환은 보장되지 않는다.

비트코인의 등장은 화폐의 본질에 대한 격렬한 논쟁을

촉발했고, 이로 인해 기존 화폐 이론에 대한 재검토가 필요하다는 인식이 널리 확산되었다. 안드레아스 안토노포울로스(Andreas M. Antonopoulos)는 비트코인을 은행 시스템을 대체하는 화폐의 인터넷(internet of money)으로 정의했다(Antonopoulos, 2016). 비트코인 본위(Bitcoin standard)라는 개념을 제안한 사이페디안 아모스(Saifedean Ammous) 등 비트코인을 디지털 금으로 인식하는 사람들도 늘어나고 있다(Ammous, 2018). 이런 추세 속에 각국 중앙은행은 국제 결제 은행(BIS)을 중심으로 CBDC의 발행에 관련된 연구를 본격적으로 진행하고 있다.

CBDC에 반드시 분산 원장 기술을 적용할 필요는 없다. 그러나 안전하고 효율적인 2중 화폐 제도를 설계하는 데 암호 화폐의 방법론을 차용하는 것은 매우 자연스러운 선택이다. CBDC를 위한 방법론 선택의 구체적 기준은 아직까지 확립되지 않았지만 BIS와 같은 국제기구가 기술 개발과 표준화를 위한 선도적 역할을 활발히 수행하고 있다.

참고문헌

이건호(2021). 『비트코인의 방법』. 커뮤니케이션북스.

Ammous, S.(2018). The bitcoin standard:
The decentralized alternative to central banking. 1st editi on.

Antonopoulos, A. M.(2016). *The internet of money.* CreateSpace Independent Publishing Platform.

Barr, M. S., Harris, A., Menand, L., & Thrasher, K.(2021.5.24). Should Central Banks Use Distributed Ledger Technology and Digital Currencies to Advance Financial Inclusion? *Available at SSRN,* https://ssrn.com/abstract=3849051 or http://dx.doi.org/10.2139/ssrn.3849051

Bhatia, N.(2021). *Layered money: From gold and dollars to Bitcoin and Central Bank Digital Currencies.* Kindle Edition. Nikhil Bhatia

Chan, A.(2021.9.20). UTXO in digital currencies: Account-based or token-based? Or both?, https://doi.org/10.48550/arXiv.2109.09294

03

CBDC에 대한 기대와 도전 과제

CBDC의 다양한 기대 효과에도 불구하고 시스템 구축 과정은 신중히 고려해야 할 도전 과제로 가득하다. 잠재적 문제와 장애물을 올바르게 이해하고 해결하지 못하면 성공적인 CBDC 시스템의 구현을 기대하기 어렵다.

디지털 화폐의 특징

디지털 화폐는 화폐의 실물을 점유 및 인도하는 대신 통신 수단을 이용해서 데이터베이스에 기록된 소유권을 양도하는 방식으로 사이버 공간의 지급을 처리한다. 화폐의 실물을 발행하고 유통 과정을 관리하는 비용을 절감할 수 있어 발행자에게 큰 이득이 될 뿐만 아니라 이용자에게도 매우 편리하다.

디지털 기록으로만 존재하는 디지털 화폐는 발행량과 소유권을 기록해서 관리하는 하부 구조인 데이터베이스 시스템과 분리될 수 없다. 중개자나 장부 관리자(bookkeeper) 등으로 표현되는 데이터베이스 관리자는 이 하부 구조의 핵심 요소다.

디지털 화폐의 장단점에 대한 평가는 누구의 입장 혹은 어떤 맥락에서 따지는가에 따라 달라질 수 있다(Investopedia, 2024). 일반적으로 지급의 효율성 면에서는 중개자의 개입이 단점보다 장점으로 작용하는 경우가 많다. 하부 구조 관리자가 화폐의 발행 및 유통 경로를 직접 모니터링하고 필요할 때마다 개입할 수 있다는 것은 매우 큰 장점이다. 2중 화폐 제도에서는 중앙은행과 은행이 이 역할을 수행한다.

그러나 디지털 화폐의 발행 및 유통이 법률적 제약을

받는 중개자에 의존하는 경우 실명 확인 등 규제 요건에 따라 특정 사용자의 접근이 제약되거나 불편할 수 있다. 암호 화폐는 중개자 역할을 불특정 다수의 노드로 구성된 분산화 네트워크에 위임해서 이 문제를 해결했지만 비실명 거래가 법률적 문제가 될 수 있다.

소매와 도매 용도의 CBDC(Central Bank Digital Currency, 중앙은행 디지털 화폐)는 전혀 다른 이용자 집단을 위해 고유의 목적을 가지고 발행된다. 소매와 도매를 엄밀히 구분하지 않고 일률적으로 CBDC의 장점과 한계를 논하는 것은 큰 의미가 없다. CBDC의 본질을 올바르게 이해하려면 이들 각각이 어떤 방식으로 기존의 화폐 시스템을 변화시킬 것인지를 꼼꼼하게 따져 보아야 한다. 암호 화폐에 적용되는 분산 원장 기술의 방법론도 매우 다양해서 디지털 화폐의 장단점에 미칠 영향이 각기 다르다는 점도 염두에 두어야 한다.

현금은 오프라인 거래에만 사용할 수 있다. 디지털 화폐인 CBDC를 현금과 유사한 방식으로 사용할 수 있게 발행한다는 것은 일반 대중의 온라인 소매 거래에 수반되는 결제를 중앙은행이 직접 지원한다는 것을 의미한다. 카리브해 지역의 일부 국가는 이미 이 용도의 CBDC를 발행해서 사용하는 단계에 들어섰고, 그 밖의 많은 국가도 필요성과 잠재적 문제점을 진지하게 검토하고 있다(Appendino et al., 2023).

2중 화폐 제도에서 금융 기관들의 결제에 사용되는 중앙은행 화폐, 즉 지급 준비금은 이미 디지털 화폐다. 은행의 예치금을 중앙은행이 데이터베이스에 기록하고 대부분의 업무를 은행과의 디지털 커뮤니케이션을 통해 처리한다(Bech & Garratt, 2017). 도매 CBDC가 새삼 관심을 받게 된 것은 은행 간 결제를 처리하는 하부 구조를 분산 원장 기술로 재구축하는 것이 특별한 의미를 갖기 때문이다. 분산 원장 기술은 스마트 콘트랙트를 이용해서 디지털 자산과 CBDC를 인도 대 지급 방식으로 직접 교환할 수 있게 해 준다. 금융 기관들 사이의 대규모 거래에 대해 일일이 예금의 이체와 결제의 단계를 거치지 않아도 결제 리스크를 제거할 수 있다. 도매 CBDC는 2중 화폐 제도의 지원뿐만 아니라 금융 시스템의 안전성을 획기적으로 향상시킬 수 있다.

CBDC에 대한 기대

많은 문헌이 CBDC 개발의 가장 중요한 동기 중 하나로 금융 포용성(financial inclusion)을 꼽는다. 현재 세계 인구의 상당수가 은행이 없거나 국가의 신분 확인 시스템 미비 등으로 은행 거래가 제한된 지역에 거주하고 있다. CBDC 시스템을 일반 대중이 지역적 · 사회적 · 경제적 지위에 관계없이 접근 가능한 방식으로 설계하면 은행 시스템을 경유하는 2중 화폐 제도를 보완하는 독립적 지급 결제 하부 구조를 구축할 수 있다. 모든 사람이 온라인 소매 거래의 지급 수단으로 사용할 수 있는 CBDC는 현금과 더불어 금융 소외의 문제를 대부분 해소할 수 있다(Tan, 2023).

현금과 2중 화폐 제도로 구성된 전통적 지급 결제 하부 구조는 인쇄, 운송, 보안 등 현금 처리와 관련된 상당한 비용을 발생시킨다. CBDC의 설계 방식에 따라서는 소매 거래에서 현금을 완전히 대체하는 것도 가능하다. 현금이 사라지면 은행 시스템 전체가 부담하는 관리 비용을 줄일 수 있어 일반 대중이 보다 저렴하고 쉽게 금융 서비스를 이용할 수 있게 된다.

소매 거래를 위한 결제 시스템에 분산 원장 기술을 적용하면 CBDC를 이용해서 금융 시스템의 안전성과 화폐 제도의 투명성을 크게 향상할 수 있다. 모든 거래를 공유 원장에 기록하는 분산 원장 기술은 금융 시스템에 대한 신뢰를 높이고 사취 등의 위험을 줄일 수 있다. 일반 대중이 직접 CBDC를 이용한 거래 프로세스를 프로그래밍해서 자동화하는 방식으로 하부 구조 운영 비용을 절감하는 것도 가능하다.

현재 중앙은행은 통화 정책의 시행을 은행 시스템을 경유하는 간접적인 메커니즘에 의존한다. 일반 대중의 소매 거래에 사용되는 CBDC는 중앙은행의 통화 정책에 보다 직접적이고 효율적인 전파 경로를 제공한다. 중앙은행이 실시간으로 CBDC 거래를 모니터링하고 경제 상황을 분석해서 보다 정교하게 통화 공급량을 조정할 수 있게 되면 정책 효과를 개선하고 경제 안정에 도움을 줄 수 있다.

중앙은행 화폐인 CBDC는 신용 위험이 없기 때문에 은행 화폐인 예금보다 안전하다. 일반 대중이 소매 거래에 CBDC를 사용할 수 있다면 은행 예금에 대한 의존도를 낮출 수 있다. 이에 따라 은행 자산의 부실화로 촉발되는 뱅크 런(bank run)의 전염(contagion) 효과를 완화해 금융 시스템의 안정을 촉진하고 금융 위기의 발생 가능성을 낮출 수 있다. 한편으로 은행의 신용 창조(credit creation) 기능 위축으로 인해 전반적 경제 활동이 위축될 우려도 제기된다(Bidder et al., 2024).

금융 기관 간 대규모 거래의 결제는 은행과 은행 및 은행과 중앙은행 사이의 복잡한 커뮤니케이션을 필요로 한다. 특히 은행 시스템에 의존하는 기존의 국경 간 결제 하부 구조는 여러 단계에 걸친 중개자의 참여로 인해 비효율이 크게 발생한다. 분산 원장 기술은 중개 기관들이 순차적으로 개입하지 않고 결제에 필요한 커뮤니케이션을 한꺼번에 처리할 수 있게 해 준다. 개별 은행들이 CBDC 데이터베이스를 상호 대조해서 실시간으로 처리하면 시간과 비용을 절약하고 위변조나 해킹 등의 위협에 대한 보안도 강화할 수 있다.

위험과 도전 과제

CBDC의 다양한 기대 효과에도 불구하고 시스템 구축 과정은 신중하게 고려해야 할 도전 과제로 가득하다. 잠재적 문제점과 장애물을 올바르게 이해하고 해결하지 못하면 성공적인 CBDC 시스템의 구현을 기대하기 어렵다. 중앙은행이 경제 및 금융 시스템의 안정을 해칠 수 있는 새로운 유형의 위험들과 제도적 환경 구축에 관련된 다양한 문제에 대해 균형 잡힌 시각을 확립하는 것이 중요하다(Cipollone, 2022).

CBDC 발행과 배포 및 관리를 위한 분산 원장 네트워크의 구축과 유지, 디지털 지갑 및 기타 지원 기술 등은 막대한 규모의 투자를 필요로 한다. 대규모의 성숙된 경제 환경에서도 기술과 하부 구조의 안전성과 효율성을 확보하기 위해 노력하고 시행착오 등에 따르는 낭비를 줄이는 것이 중요하다. 소규모 국가나 저개발 국가의 경우 신기술에 대한 투자 자체가 상당한 부담이 될 수 있다. 민간 부문의 적극적 참여와 기존 기술의 활용을 촉진하고 국제적인 정보 교류와 협력으로 시행착오를 줄이기 위해 노력해야 한다.

디지털 화폐인 CBDC가 본질적으로 사이버 공격에 취약하다는 점을 특히 유념해야 한다. 분산 원장을 관리하는 네트워크나 디지털 지갑 등을 지원하는 하부 구조가 훼손되면 자금의 유실이나 화폐 시스템의 운영 중단 등 심각한 상황을 초래할 수 있다. 정기적 보안 감사와 하부 구조의 지속적 모니터링은 물론, 고급 암호화 기술 및 강력한 사이버 보안 조치에 대한 투자 등으로 위험에 대비해야 한다.

긍정적 기대 효과가 오히려 새로운 위험 요소로 작용할 가능성에도 대비해야 한다. 거래의 추적 용이성이 개인의 금융 활동에 대한 정부의 감시나 개인 정보의 유출 가능성에 대한 우려를 야기한다. 그러나 기술적 해결책은 아직 많은 연구가 필요하다. 통화 정책 수단의 전파 경로 및 파급 효과 변화가 새로운 복잡성을 추가해서 금융 시장의 불확실성과 변동성을 증대할 우려도 있다. 예금 보험료를 징수하거나 개인별 보유 금액 제한 등으로 소매 CBDC의 지나친 확대를 억제해서 예금 감소에 따른 신용 위축의 문제에 대비해야 한다는 주장도 있다.

참고문헌

Appendino, M., et al.(2023). Crypto assets and CBDCs in Latin America and the Caribbean: Opportunities and risks. *IMF Working Paper, 23*(37), International Monetary Fund, https://doi.org/10.5089/9798400234804.001

Bech, M. & Garratt, R.(2017). Central bank cryptocurrencies. *BIS Quarterly Review*, September. pp.55-70, https://www.bis.org/publ/qtrpdf/r_qt1709f.pdf

Bidder, R., Jackson, T., & Rottner, M.(2024). CBDC and banks: Disintermediating fast and slow. *Discussion Paper, 15*. Deutsche Bundesbank, https://www.bundesbank.de/resource/blob/931090/be2be8b2c5324245e4147d6306689312/mL/2024-04-29-dkp-15-data.pdf

Cipollone, P.(2022). The implementation of CBDCs by central banks: challenges, risks and opportunities. Bank of Italy. Conference Central Bank Digital Currencies: Threat or Opportunity? London School of Economics, October 28th, https://www.bis.org/review/r221031j.pdf

Investopedia(2024). Digital currency types, characteristics, pros & cons, future uses, https://www.investopedia.com/terms/d/digital-currency.asp. accessed 2025.4.8.

Tan, B. J.(2023). Central Bank Digital Currency and Financial

Inclusion. *IMF Working Paper, 23*(69), International Monetary Fund,
https://www.imf.org/en/Publications/WP/Issues/2023/03/18/Central-Bank-Digital-Currency-and-Financial-Inclusion-531104

04

CBDC 설계 및 구현

CBDC의 설계 및 구현은 다양한 모델과 방법론을 신중하게 고려해야 하는 복잡한 과정이다. 기술, 집중화 정도, 개인 정보 보호와 익명성 등 주요 사항에 관련된 설계자의 선택에 따라 시스템 구축 과정과 결과가 크게 달라진다.

CBDC 구현의 과제

CBDC의 구현(implementation)은 연구 개발과 파일럿 테스트 등을 포함한 여러 단계를 거쳐 본격적인 발행 및 배포에 이르는 과정이다.

첫 번째 단계는 CBDC의 잠재적 이점과 위험을 이해하고 가장 적합한 설계 및 구현 전략을 식별하기 위한 철저한 연구 및 분석을 수행하는 것이다. 중앙은행이 다른 금융 기관 및 기술 제공 업체의 의견을 수렴하고 일반 대중을 포함한 다양한 이해관계자의 참여를 통해 피드백을 구하는 것이 중요하다.

기본적 연구가 어느 정도 마무리되면 통제된 환경에서 파일럿 테스트를 통해 타당성 및 효과를 평가하는 단계로 넘어간다. 파일럿 테스트는 본격적인 시스템 구축을 보다 효율적으로 추진하기 위해 빼놓을 수 없는 단계다. CBDC를 실험적으로 배포하고 성능을 모니터링해서 문제점과 과제를 식별하고 설계 및 구현 전략을 구체적으로 개선하는 데 도움이 된다.

마지막은 실제로 CBDC를 발행해서 본격적으로 배포하는 단계다. 중앙은행의 역할은 CBDC를 제공하고 하부구조 및 운영 과정에 기술적 지원을 제공하는 데에서 끝나지 않는다. 강력한 규제 및 감독 체계를 구축하고 CBDC

발행과 일반 대중 및 금융 기관의 유통 과정에 대한 면밀한 모니터링을 통해 원활한 운영을 보장하는 것은 물론 새로운 위험과 과제의 해결을 위해 노력해야 한다.

이미 여러 국가가 CBDC 설계 및 구현에 상당한 진전을 이루었고, 이들의 경험은 다른 국가에 귀중한 교훈과 시사점을 제공한다(Atlantic Council, 2025). 중국은 디지털 화폐를 이용한 전자 결제 프로젝트와 광범위한 사용자 테스트를 통해 금융 포용성, 결제 효율성 및 비용 절감의 잠재력을 입증했고, 바하마는 샌드 달러(Sand Dollar)라는 소매 CBDC를 발행해서 실제 거래에 사용하고 있다. 현재 CBDC 프로젝트를 추진 중인 국가는 이런 사례들을 면밀하게 연구해서 다양한 모델과 단계별 과제를 검토하고 시스템 구현에 필요한 실용적 교훈을 적절히 반영해야 한다.

CBDC의 설계 및 구현은 다양한 모델과 방법론을 신중하게 고려해야 하는 복잡한 프로세스다. 기술, 집중화 정도, 개인 정보 보호 및 익명성 등 주요 사항에 관련된 설계자의 선택에 따라 시스템 구축 과정과 결과가 크게 달라진다. 중앙은행이 주도하는 CBDC 시스템의 집중화 정도를 결정하는 것은 매우 중요한 의사 결정이다. 집중화는 통제 및 감독의 효율성을 확보하는 데 도움이 되지만 사이버 공격이나 기타 위험에 대한 복원력이 저하될 수 있다. 탈중앙화를 추구하면 분산 원장 기술의 장점을 극대화할 수 있지만 개인 정보 보호가 어려울 수 있다(Pocher & Sedlmeir, 2024). 익명성을 일정 수준 보장하는 경우 CBDC가 자금 세탁이나 테러 자금 조달 등 불법 활동에 사용되는 것을 방지할 수 있는 대비책을 마련해야 한다.

법률 및 규제 측면의 고려 사항

중앙은행은 화폐 정책을 추진하는 과정에서 혁신과 안정의 균형을 맞추고 개인 정보와 거래 데이터를 보호하며 금융 기관과 시장에 미칠 잠재적 영향을 포괄적으로 고려해야 한다. 한 걸음 더 나아가 국가 간 협조를 통해 CBDC가 국제 결제 시스템의 원활한 운영과 국경 간 지급의 효율성 향상에 기여할 수 있도록 합리적이고 유연한 규제 환경을 구축해야 한다. 법률 및 규제 측면의 다양한 요소를 신중하게 고려해서 잠재적 문제를 선제적으로 해결해야 CBDC의 이점을 활용해 금융 환경을 혁신하고 경제의 전반적 기능을 개선할 수 있다.

많은 국가에서 CBDC 관련 법률과 규제 환경은 불완전하고 복잡할 뿐만 아니라, 빠르게 진화하고 있다. 이는 정책 입안자들에게 커다란 도전이 되고 있다. 이런 상황에서 비교적 일찍 규제의 정비에 나서 이미 상당한 진전을 이룬 국가들의 사례가 다른 국가들에게 귀중한 교훈과 시사점을 제공한다. 유럽 중앙은행은 디지털 유로화의 규제 환경 구축에 관한 연구를 적극적으로 진행하면서 다양한 이해관계자와 광범위한 협의를 진행했고, 수차례에 걸쳐 CBDC의 잠재적 이점과 과제를 요약한 상세 보고서를 발표했다(European Central Bank, 2024). 영국은 중앙은행과 재무성이 공동 태스크 포스를 운영하면서 디지털 파운드에 대한 규제 및 법률적 측면의 연구 활동을 적극적으로 조정하고 있다(Bank of England, 2024).

CBDC의 규제 환경 조성에서 가장 중요한 과제는 혁신과 안정의 균형을 맞추는 것이다. 새로운 기술과 하부구조를 기반으로 발행되는 CBDC를 수용하려면 전통적 화폐의 형태와 기능을 벗어난 새로운 접근 방식이 필요하다. 하지만 금융 시장과 기존 금융 기관에 미칠 영향도 고려해서 발행 및 유통 과정에서 발생 가능한 다양한 문제에 대응할 수 있도록 포괄적 규제 체계를 구축하는 것이 중요하다.

전통적 화폐나 금융 상품과는 전혀 다른 CBDC의 경우 명확한 법적 정의나 분류를 확립하는 것 자체가 쉽지 않다. 법정 화폐, 증권 또는 새로운 범주 등 분류 방식에 따라 CBDC에 대한 규제 및 과세는 물론 전체 금융 시스템과의 통합 프로세스가 크게 달라진다. CBDC가 전통적 은행 시스템의 역할을 방해하지 않는 환경을 구축해서 대출 등 금융 서비스의 제한 없이 원활하고 질서 정연한 시스템 전환을 도모해야 한다.

중앙은행은 또 각국의 규제 프레임워크 차이를 면밀히 검토하고 국가 간 긴밀한 협력을 통해 CBDC의 국제적 공통 표준과 프로토콜 수립에 필요한 과제들을 해결해서 상호 운용성을 확보해야 한다. 각국 중앙은행, 규제 당국, 국제기구가 협력해서 조화로운 기술 표준과 규제 체계를 개발해야만 CBDC 시스템이 국경 간 거래를 효율적으로 지원할 수 있다(Michail & Selvadurai, 2023).

국제 결제 은행의 비전

BIS(Bank for International Settlements, 국제 결제 은행)는 2020년부터 혁신 및 디지털 경제 자문 그룹(Consultative Group on Innovation and the Digital Economy, CGIDE)을 운영하고 있다. 이 그룹의 전문가 태스크 포스는 회원국 중앙은행들의 긴밀한 협력을 위해 수차례에 걸쳐 CBDC의 설계 방법론에 관한 보고서를 발표했다. 특히 2023년 보고서는 CBDC 설계의 핵심적 요건을 모듈식 설계, 핵심 기능, 운영 요건, 사이버 유연성 요건, 제3자 서비스 요건 등 5개 분야로 구분했다(CGIDE, 2023).

모듈식 설계에 관해서는 CBDC의 생성, 보관, 폐기를 처리하는 잔액 관리 레이어(layer) 구축에 대체 가능(fungible) 접근법을 원칙으로 하면서 특정 용도를 위한 대체 불가능 토큰(Non-Fungible Token, NFT) 발행 기능을 추가할 것을 제안했다. 또 새로운 방법론이 기존 지급 시스템들과 원활한 통합을 지원하고 API를 이용해서 데이터 교환 및 지급을 처리할 수 있어야 한다고 강조했다.

핵심 기능은 API의 활용은 물론이고 CBDC의 발행 및 폐기를 모두 중앙 집중식으로 관리하는 것을 포함한다. 운영 모듈과 관련해서는 확장성 및 사용자 경험과 더불어 속성 함수(attribute function) 매트릭스를 정의할 것을 강조했다. CBDC의 무결성을 보호하기 위한 사이버 보안은 설계 방법론의 최우선적 과제다. 암호화와 데이터 기밀성(confidentiality), 기술적 독립성, 감사 가능성 등의 요건을 갖춰야 한다. 그 밖에 상호 운용성, 국경 간 지급, 위험 관리 및 사업의 영속성 등에 관련된 요건도 포괄적인 CBDC 설계 방법론의 매우 중요한 요건이다.

2024 보고서는 CBDC 설계 방식에 관해 신규 이용자 등

록, CBDC 생성, CBDC 폐기 및 원장 간 이전의 네 가지 프로세스를 설명한다(CGIDE, 2024). 신규 이용자 등록은 지갑을 생성해서 CBDC 플랫폼에 이용자를 등록하는 과정이며, 스마트폰 앱과 피처폰의 인터페이스 혹은 하드웨어를 이용한 신청을 통해 처리한다. 지갑은 CBDC 잔액 확인과 다른 지갑 및 실시간 총액 결제(Real-Time Gross Settlement, RTGS) 시스템과 커뮤니케이션하면서 자금의 전송, 수취, 거래의 결과 통보가 가능하게 설계된다.

CBDC 생성은 RTGS 시스템 및 지역별 화폐 교환소에 개설된 계좌에서 이체된 은행 화폐를 CBDC로 전환해서 플랫폼에 등록된 이용자의 지갑 잔액을 증액하는 과정이다. 그 반대 과정인 폐기는 플랫폼의 지갑에서 CBDC 잔액을 감소시켜 은행이나 RTGS 시스템의 계좌 잔액으로 전환한 후 예치금이나 현금으로 인출한다. 원장 간 이전은 플랫폼 내에서 CBDC를 지갑과 지갑 사이에 이동시키는 과정을 가리킨다.

이 보고서의 설계 방법론인 하이브리드 모형은 중앙은행과 민간 중개 기관의 분업을 통해 단계별 신분 확인(Know Your Customer, KYC) 제도를 수용한다. 즉, 대규모 거래를 위한 지갑에는 엄격한 요건을 적용하고 소규모 거래를 위한 지갑에는 완화된 요건을 적용할 수 있다. 이

모형은 거래 정보와 신분 정보를 분리한 후 후자는 중앙은행 대신 민간 중개 기관이 관리하기 때문에 프라이버시를 보다 엄격하게 보장한다.

참고문헌

Atlantic Council(2025). Central bank digital currency counter, https://www.atlanticcouncil.org/cbdctracker/

Bank of England(2023). The digital pound: A new form of money for households and businesses? *Consultation Paper*, https://www.bankofengland.co.uk/paper/2023/the-digital-pound-consultation-paper

Consultative Group on Innovation and the Digital Economy(2023). High-level technical requirements for a functional CBDC architecture. Bank for International Settlements. https://www.bis.org/publ/othp82.pdf

Consultative Group on Innovation and the Digital Economy(2024). A proposal for a retail central bank digital currency(CBDC) architecture. *Bank for International Settlements*, https://www.bis.org/publ/othp89.pdf

European Central Bank(2024). Progress on the preparation phase of a digital euro: Second progress report, https://www.ecb.europa.eu/euro/digital_euro/progress/shared/pdf/ecb.deprp202412.en.pdf

Michail, N. & Selvadurai, N.(2023). Towards an effective regulatory and governance framework for central bank digital currencies. *Stanford Journal of Blockchain Law & Policy*,

https://stanford-jblp.pubpub.org/pub/regulatory-governance-framework-cbdc/release/1
Pocher, N. & Sedlmeir, J.(2024). Decentralization beyond disintermediation: The case of central bank digital currencies. In G. Fridgen, T. Guggenberger, J. Sedlmeir, & N. Urbach(Eds.), *Decentralization Technologies*. Financial Innovation and Technology. Springer, Cham, https://doi.org/10.1007/978-3-031-66047-4_12

05

분산 원장 기술과 지급 결제 시스템

분산 원장 기술은 모든 은행의 고객 계좌와 중앙은행이 관리하는 은행 계좌를 하나의 분산 원장이라는 공통 데이터베이스에서 관리할 수 있도록 한다. 다수의 지급 서비스 제공자가 참여하는 복잡한 계층 구조의 지급 결제 시스템에서, 커뮤니케이션을 단순화해 결제의 지연을 방지하고 효율성을 높인다.

비현금 지급 수단과 지급 결제

지급 혹은 지급 결제는 경제 주체들이 화폐의 소유권을 이전하는 행위다. 이때 화폐의 소유권을 이전하는 자와 이전받는 자를 각각 지급인과 피지급인으로 구분한다. 실물이 존재하는 현금의 경우 점유의 이전, 즉 화폐의 인도에 의해 지급 결제가 완료된다. 인도 가능한 실물이 존재하지 않는 화폐인 예금은 소유권자가 은행에 관련 계좌의 잔액 변경을 지시하고 은행이 데이터베이스의 기록을 변경하는 방식으로 지급 결제를 처리한다. 이를 이체라 하고 지급인과 피지급인을 각각 송금인과 수취인으로 부르기도 한다.

개별 은행은 자신의 장부에 등록된 계좌의 잔액만을 변경할 수 있다. 지급인과 피지급인의 계좌가 각기 다른 은행에 개설된 경우 고객이 이체를 지시하면 지급인 은행이 해당 고객의 계좌 잔액을 감액하고 상대방 은행에 피지급인 계좌 잔액의 증액을 요청해야 한다. 지급인 은행은 이와 함께 중앙은행에 자신의 예치금 계좌 잔액을 감액하고 피지급인 은행의 예치금 계좌 잔액을 증액할 것도 요청한다. 중앙은행이 이를 처리하고 피지급인 은행도 관련 고객의 계좌 잔액을 증액하면 이체가 완료된다.

지급 결제를 지급과 결제의 두 단계로 분리하기도 한

다. 이때 지급은 지급인이 피지급인에게 화폐의 소유권 이전을 촉발하는 행위다. 현금의 인도는 물론 지급인이 은행에 예금의 이체를 신청하거나 어음, 수표, 신용 카드 등을 이용해 화폐의 소유권 이전에 필요한 절차를 개시하는 행위를 포함한다. 결제는 중앙은행 화폐인 예치금의 은행 간 이전 및 개별 은행의 고객 계좌 잔액 변경을 통해 화폐의 소유권 이전을 완료하는 행위다. 대부분의 국가에서 은행들이 이체를 실시간으로 결제하지 않고 다수 고객의 거래를 합산해서 은행별 결제의 순 금액을 산출하는 청산(clearance) 과정을 거치는 방식으로 지급 결제 제도를 운영한다.

지급 수단은 계좌 이체 신청서 등 고객이 은행에 이체를 지시하는 문서나 증빙을 가리킨다. 어음, 수표, 지로(giro) 등 장표 방식과 신용 카드, 직불 카드, 선불 카드, 계좌 이체 등 전자 방식으로 분류된다. 지급과 결제가 분리되지 않는 현금도 지급 수단으로 본다.

일반 대중이 지급 결제에 비현금 지급 수단을 사용하는 것은 화폐의 단일성, 즉 어느 은행에서든지 이체된 예금을 동일 금액의 현금으로 인출할 수 있다는 신뢰를 바탕으로 한다. 2중 화폐 제도는 이러한 신뢰를 뒷받침하는 중요한 하부 구조다.

지급 결제 시스템

지급 결제 시스템은 중앙은행과 지급 수단, 지급 서비스 제공자(Payment Service Provider, PSP), 금융 시장 하부 구조 운영자(Financial Market Infrastructure Operator, FMIO)와 관련 법규 등 지급 결제가 원활히 이루어지도록 지원하는 금융 하부 구조를 포괄하는 개념이다. 지급 서비스 제공자는 가계 및 기업의 화폐 거래를 위해 지급 수단을 제공하는 은행, 금융 투자 회사, 신용 카드 회사, 핀테크 기업 등을 가리킨다. 금융 시장 하부 구조 운영자는 지급, 청산 및 결제 관련 전산 시스템 등 금융 시장 하부 구조를 운영하고 업무 규약 및 처리 절차 등을 통해 지급 결제를 지원하는 기업 및 기관이다(한국은행, 2024).

지급 결제는 화폐와 금융 상품을 포괄하는 개념이다. 금융 시장 하부 구조 운영자의 지급 결제 기능은 청산, 결제, 거래 정보 기록으로 구분된다. 청산 기관이 화폐 및 금융 상품을 결제할 순 금액을 확정하면 결제 기관이 화폐 및 금융 상품의 이전을 완결한다. 화폐는 중앙은행, 금융 상품은 중앙 예탁 기관이 결제를 담당한다. 거래 정보 기록 기관은 금융 상품의 거래 정보를 기록하는 역할을 수행한다.

우리나라의 지급 결제 시스템은 거액 결제, 소액 지급,

증권 결제, 외환 결제의 네 가지 시스템으로 구성된다. 거액 결제 시스템은 한국은행에 개설된 당좌 예금 계좌로 금융 기관 사이의 자금 거래를 결제하는 한국은행 금융 결제망 혹은 한은 금융망을 가리킨다. 소액 지급 시스템은 가계 및 기업의 자금 이체를 금융 기관 사이의 한은 금융망을 이용한 결제를 통해 처리한다. 소액 지급 시스템에는 은행, 금융 투자 회사 및 서민 금융 기관 등이 참가하며 금융 결제원이 전자 금융 공동망과 타행환 공동망 등을 포함하는 금융 공동망과 오픈뱅킹 공동망, 어음 교환 시스템, 지로 시스템 등을 운영한다.

증권 결제 시스템은 주식과 채권 등의 소유권 이전과 매매 대금 결제를 처리한다. 한국거래소가 유가 증권, 코스닥 및 파생 상품 시장 결제 시스템을 운영하며 한국예탁결제원이 채권 기관 투자자, 주식 기관 투자자 및 기관 간 환매 조건부 채권(RP) 결제 시스템을 운영한다. 외환 결제 시스템은 외환 결제 전문 은행(CLS Bank)의 외환 동시 결제 시스템을 통해 외환 시장에서 외환 매도 및 매입 기관 간 통화의 교환을 처리한다.

분산 원장 기술과 지급 결제

비현금 지급 수단을 이용하는 지급 결제는 다수의 중개자와 복잡한 커뮤니케이션에 의존한다. 2중 화폐 제도는 지급인 은행과 피지급인 은행, 그리고 중앙은행의 커뮤니케이션을 통해 청산과 결제를 처리한다. 지급인이 거래 은행에 계좌 이체 신청서를 제출하거나 지급인이 수표를 인도하고 피지급인이 이를 은행에 제시하는 행위도 모두 커뮤니케이션이다.

디지털 화폐는 지급 결제의 전 과정을 디지털 커뮤니케이션을 통해 처리한다. 분산 원장 기술을 이용해서 데이터베이스를 관리하는 암호 화폐는 커뮤니케이션에 불특정 다수의 노드로 구성된 공개 네트워크를 이용하지만 안전하게 지급 결제를 완료할 수 있다. 암호 기법을 이용해 소유권 입증에 필요한 모든 정보를 트랜잭션에 기록하고 검증할 수 있게 만들기 때문에 신분 관련 정보를 노출하지 않고 공개 커뮤니케이션을 통한 지급 결제의 처리가 가능하다(이건호, 2021).

분산 원장 기술은 디지털 화폐를 지급 수단으로 사용하는 지급 결제 시스템을 보다 효율적으로 운영할 수 있게 해 준다. 전통적 2중 화폐 제도에서 중앙은행과 개별 은행은 각자의 데이터베이스에 자신의 고객 계좌만을 기록해서 관리한다. 예를 들어 철수는 은행 A, 영희는 은행 B와 거래한다고 가정하면 은행 A는 철수, 은행 B는 영희의 예금 계좌에 관한 정보만을 각자의 데이터베이스에 보관한다. 중앙은행의 데이터베이스에는 은행 A와 은행 B의 예치금 계좌 잔액만 기록되고 철수나 영희의 계좌에 관련된 정보는 기록되지 않는다.

철수와 영희가 각각의 계좌에 10원씩, 은행 A와 은행 B가 중앙은행의 예치금 계좌에 각각 100원씩의 잔액을 가지고 있는 경우를 살펴보자. 편의상 다른 은행과 고객은 없다고 가정하면 은행 A, 은행 B 및 중앙은행 데이터베이스 상태를 (10원), (10원), (100원, 100원)과 같이 괄호로 구분해서 표현할 수 있다. 철수가 영희에게 1원을 이체하는 거래는 다음과 같은 과정을 거쳐 처리된다.

먼저 철수가 계좌 이체 신청서를 작성해서 은행 A에 전달한다. 〈철수 -1원, 은행 B의 영희 +1원〉과 같은 형태의 메시지로 은행과 커뮤니케이션하는 과정이다. 은행 A는 이를 근거로 철수 계좌의 잔액을 감액하면서 〈영희 +1원〉과 〈은행 A -1원, 은행 B +1원〉과 같은 두 개의 메시지를 만들어 은행 B와 중앙은행에 각각 전달한다. 중앙은행은 이에 근거해서 은행 A와 은행 B의 예치금 잔액을 변경하고 그 내용을 메시지 형태로 각 은행에 전달한다. 은행 B가 은행 A와 중앙은행의 메시지를 근거로 영희 계좌의 잔액을 증액하면 은행과 중앙은행의 데이터베이스 상태가

(9원), (11원), (99원, 101원)으로 변경되어 이체가 완료된다.

분산 원장 기술은 다수의 지급 서비스 제공자가 참여하는 복잡한 계층 구조의 지급 결제 시스템에서 커뮤니케이션을 단순화해서 결제의 지연을 방지하고 효율성을 개선한다. 모든 은행의 고객 계좌와 중앙은행이 관리하는 은행 계좌를 분산 원장이라는 공통의 데이터베이스에서 관리할 수 있게 해 주는 방식이다.

분산 원장 기술은 앞의 예에서 데이터를 (철수, 영희, 은행 A, 은행 B)의 구조인 (10원, 10원, 100원, 100원)과 같이 하나의 원장에서 관리할 수 있게 해 준다. 네트워크를 통한 커뮤니케이션을 통해 이체에 관련된 모든 중개자가 순차적이 아니라 동시에 데이터베이스를 업데이트할 수 있다. 즉 철수가 〈철수 -1원, 영희 +1원〉의 메시지를 네트워크로 전송하면 은행 A와 은행 B 및 중앙은행이 각자의 데이터베이스 상태를 (9원, 11원, 99원, 101원)으로 동시에 변경해서 이체를 완료한다.

분산 원장 기술은 또 스마트 콘트랙트를 이용해서 지급 결제를 자동화함으로써 보다 복잡한 거래를 유연하게 처리할 수 있게 한다(이건호, 2022). 예를 들어 영희가 특정 디지털 자산을 정해진 주소로 전송하면 철수가 그 대가로 영희에게 자금을 이체하기로 약속한 경우를 가정하자. 인도 대 지급을 실행하는 스마트 콘트랙트를 이용하면 디지털 자산의 주소 변경과 동시에 모든 은행과 중앙은행이 철수와 영희의 잔고 상태를 변경하는 방식으로 데이터베이스의 업데이트를 처리할 수 있다.

참고문헌

이건호(2021). 『비트코인의 방법』. 커뮤니케이션북스.
이건호(2022). 『탈중앙화와 크립토 시스템』. 커뮤니케이션북스.
한국은행(2024). 한국은행과 지급 결제 제도,
https://www.bok.or.kr/portal/bbs/B0000232/view.do?menuNo=200706&nttId=10089519

06

스테이블 코인과 예금 토큰

스테이블 코인은 충분한 준비금을 확보한 경우에도 화폐의 단일성이 보장되지 않아 시장 가격의 변동성에 노출된다. 은행이 예금을 기반으로 예금 토큰을 발행하면 2중 화폐 제도를 통해 화폐의 단일성이 확보된 디지털 화폐로 사용할 수 있다.

스마트 콘트랙트와 자산 생성

많은 탈중앙화 네트워크가 일시 혹은 주기적으로 공유 원장에 새로운 소유권을 기록하는 방식으로 암호 화폐를 신규로 발행한다. 이렇게 발행된 암호 화폐는 네트워크의 트랜잭션을 처리하고 데이터베이스를 관리하는 노드에 배분된다. 네트워크 이용자는 거래소 등에서 매입한 암호 화폐로 노드 운영자에게 트랜잭션의 처리를 위한 수수료를 지급한다. 암호 화폐의 가격, 즉 법정 화폐와의 교환 비율은 수요와 공급에 의해 시장에서 결정된다. 가격이 시시각각 변화하는 암호 화폐는 법정 화폐와의 등가 교환이 보장되지 않는다.

가격 변동성에도 불구하고 일반 대중은 암호 화폐를 언제든지 법정 화폐와 교환할 수 있다는 믿음을 토대로 화폐의 대용 수단으로 인정한다. 교환의 매개체로 암호 화폐를 직접 사용하기 어려운 경우에도 유동성 있는 시장만 존재하면 쉽게 법정 화폐와 교환할 수 있어 큰 문제가 되지 않는다.

스마트 콘트랙트를 이용하면 새로운 형태의 디지털 자산을 생성해서 거래할 수 있다. 네트워크가 관리하는 공유 원장 내부에 스마트 콘트랙트를 이용해서 하위 장부를 별도로 만든 후 특정 자산의 소유권을 기록해서 디지털 화폐와 유사한 형태로 거래하는 방식이다. 신규 암호 화폐 소유권을 네트워크 공유 원장에 직접 기록한 후 노드에 배분하는 경우 이를 내생 토큰(native token) 혹은 코인(coin)으로 불러 스마트 콘트랙트로 생성된 디지털 자산과 구분하는 문헌도 있지만 근거가 확실치 않다. 최근에는 양자를 모두 토큰으로 부르는 경우가 많다.

자산 생성은 그 자체로 가치를 창출하는 기능이 아니다. 생성된 토큰이 시장의 확보에 실패하면 가치를 인정받기 어렵다. 하지만 대부분 토큰은 네트워크 이용자와 노드 운영자들만으로 충분한 시장이 형성되기 어렵다. 특히 이용자가 많지 않은 공유 원장을 관리하는 네트워크가 발행한 토큰은 시장 기반이 약해 장기적으로 가치를 유지하기 어렵다. 가격 변동성을 이용한 투기적 수익을 얻으려는 투자자들의 참여는 유동성 확대를 통해 시장 활성화에 도움이 될 수 있다.

스마트 콘트랙트는 네트워크 이용자 및 투자자 확대의 중요한 수단이 된다. 특히 스마트 콘트랙트를 이용해 생성된 토큰은 이용자가 스마트 콘트랙트로 미래에 실행될 토큰의 지급 거래를 예약하고 복잡한 전제 조건 등을 부여할 수 있다. 단순한 송금 이상의 복잡한 거래를 자동화할 수 있어 시장 기반 확보가 용이하다.

토큰을 관리하는 스마트 콘트랙트와 불특정 다수의 이용자를 고객으로 한 비즈니스를 실행하는 응용 프로그램을 연결하면 토큰을 해당 비즈니스의 이용권이나 지급 수단 등으로 사용할 수 있다. 토큰이 단순한 화폐를 넘어 실물 자산의 소유권이나 비즈니스의 지분에 대한 증빙 등의 의미를 가지게 되면서 유틸리티 토큰, 거버넌스 토큰, 토큰 증권 등 다양한 디지털 자산이 개발되었다. 이와 더불어 토큰 형태의 금융 상품 및 서비스를 거래하는 디파이(DeFi)가 활성화되면서 네트워크를 이용하는 투자자들이 늘어나 수수료 지급을 위한 내생 토큰의 거래도 크게 증가했다(이건호, 2022).

스테이블 코인

토큰의 가치는 시장 가격, 즉 시장에서 수요와 공급에 의해 결정되는 토큰과 법정 통화의 교환 비율을 가리킨다. 시장 가격은 시시각각 변화할 수 있어 일반 대중이 법정 화폐와 동등한 지급 수단으로 이용하기 어렵다. 스테이블 코인(stable coin)은 가치의 변동성을 실질적으로 제거한 특별한 토큰이다. 스마트 콘트랙트를 이용해서 법정 화폐나 다국가 통화의 포트폴리오, 혹은 금과 같은 안전 자산과 안정적인 교환 비율을 유지하게 만들었다. 일상적인 지급 거래는 물론 프로그래밍 기능을 이용해서 예약 송금이나 금융 상품 등을 이용한 가치의 저장 및 증식 등 다양한 용도로 사용할 수 있다.

디지털 화폐와 자산이 빠르게 진화하는 환경에서 스테이블 코인은 민간 화폐의 중요한 유형 중 하나로 부상했다. 한국은행 주도의 CBDC 프로젝트 이외에 원화 기반 스테이블 코인을 활용한 해외 송금 테스트에 참여하는 등 적극적인 관심을 보이는 국내 은행도 늘어나고 있다(박인혜 · 박나은, 2025).

스테이블 코인은 가치 안정화 메커니즘에 따라 세 종류로 구분된다. 법정 화폐 담보 스테이블 코인은 발행된 토큰의 액면 금액과 동일한 금액으로 법정 화폐의 교환이 언제라도 가능하게 충분한 현금 및 예금, 국채 등을 준비금으로 보유한다. 암호 화폐 담보 스테이블 코인은 법정 화폐 대신 암호 화폐를 담보로 발행되며, 알고리드믹(algorithmic) 스테이블 코인은 시장 가격 변화에 대응해서 스마트 콘트랙트가 토큰의 수요와 공급을 조정하는 방식으로 가치를 안정시킨다.

법정 화폐 담보 스테이블 코인은 비교적 안정적인 시장 가격을 유지할 수 있지만 발행자의 신뢰도나 준비금의 구성 등에 따라 변동성이 커질 수도 있다. 암호 화폐 담보 스테이블 코인은 담보 가치의 변동성을 고려해서 액면 금액을 초과하는 충분한 수준의 담보를 보유하는 것이 일반적이지만 안정적인 시장 가격을 유지하는 것은 쉽지 않다. 알고리드믹 스테이블 코인의 경우 가격 안정 알고리즘에 결함이 있으면 가치 유지가 어려워 시장 가격의 변동성이 비교적 크다.

유럽 연합(European Union, EU)은 「암호 자산시장법(Markets in Crypto Assets, MiCA)」으로 스테이블 코인을 규제한다. 단일 법정 화폐를 담보로 발행한 이머니 토큰(Electronic Money Token, EMT)과 복수 통화나 상품 혹은 암호 자산 등을 담보로 발행한 자산 준거 토큰(Asset-Referenced Token, ART)으로 구분해서 유형별로 담보 자산의 투명성, 상환 메커니즘, 운영 기준 등의 규제를 달리 적용한다(European Securities and Markets Authority, 2025). 알고리드믹 스테이블 코인은 인정하지 않는다. 미국의 경우 2025년 7월 스테이블 코인에 대한 포괄적 규제 체계를 마련하기 위한 지니어스법(GENIUS Act), 즉 「스테이블코인국가혁신지침및확립법」이 의회를 통과했다.

예금 토큰

2중 화폐 제도는 개별 은행의 부채인 예금과 중앙은행 화폐의 등가 교환을 보장해서 화폐의 단일성을 확보한다. 스테이블 코인은 충분한 준비금을 확보한 경우에도 화폐의 단일성이 보장되지 않아 시장 가격의 변동성에 노출된다(Garratt & Shin, 2023). 은행이 예금을 기반으로 예금 토큰(deposit token)을 발행하면 2중 화폐 제도를 통해 화폐의 단일성이 확보된 디지털 화폐로 사용할 수 있다. 방법론 측면에서 아직 논의가 필요해 본격적으로 사용되지는 않고 있지만 많은 국가가 예금 토큰에 대한 연구를 활발히 진행하고 있다.

2중 화폐 제도를 유지하면서 예금 토큰을 발행하는 최선의 방법론을 찾는 것은 생각보다 쉽지 않다. BIS와 다수 유럽 국가의 중앙은행도 아직 예금 토큰에 대한 의견의 일치를 보지 못한 상태다. 기능 면에서 법정 화폐 담보 스테이블 코인과 큰 차이가 없고, 금융 하부 구조가 잘 발달된 국가의 경우 예금을 토큰화하지 않아도 소비자 대부분이 큰 불편을 느끼지 않을 것으로 예상되기 때문이다. 하지만 소매 CBDC가 발행되고 예금의 수요 감소가 현실화되면 예금 토큰이 은행의 생존에 직결되는 문제가 될 수도 있다. 대부분 국가에서 원칙적으로 예금 토큰은 중앙은행

보다는 은행의 문제라는 인식하에 구체적인 개발 노력을 은행 단체 등이 주도한다.

독일은행산업위원회(German Banking Industry Committee, GBIC)는 세 가지의 상업 은행 화폐 토큰(Commercial Bank Money Token, CBMT) 발행 방법론을 검토했다(GBIC, 2021). 첫째, 완전 담보 스테이블 코인은 발행 은행이 중앙은행 화폐로 100% 담보를 제공한다. 둘째, 특수 목적 회사(Special Purpose Vehicle, SPV) 방식은 은행들이 독자적 대차 대조표를 가진 SPV를 공동으로 설립한 후 개별 은행이 각자 제공한 담보를 토대로 예금 토큰을 발행한다. 셋째 상업 은행 토큰(Commercial Bank Token, CBT) 방식은 개별 은행이 자신의 고객 예금을 담보로 토큰을 발행한다. 다른 보고서는 토큰 생성 및 소각을 관장하는 기술 서비스 제공자의 역할과 이용자 간 거래에 따른 예금 토큰 처리 등의 방법론을 상세하게 기술하면서도 단일안을 제시하지는 않았다(GBIC, 2023).

스위스은행연합회(Swiss Bankers Association, SBA)는 예금 토큰의 주요 유형을 개별 은행이 기술 표준을 준수하고 안전하고 유동성 높은 준비금을 완전히 갖춘 상태로 예금 토큰을 발행하는 표준화 토큰(Standardised Token, ST), 은행 공동 소유 SPV가 충분한 준비금을 확보한 후 예금 토큰을 발행해서 배분하는 공동 토큰(Joint Token, JT), 개별 은행이 독자적인 기술과 준비금을 기반으로 예금 토큰을 발행하는 착색 토큰(Colored Token, CT)의 세 가지로 구분했다(SBA, 2023). SBA는 디지털 자산 거래, 지급결제, 스위스 프랑(CHF)의 분산 원장 생태계, 고객 보호, 안정성 및 태환성, 시장 침투와 네트워크 효과, 민간 CHF 화폐 창조의 7개 부문에 걸친 용례를 비교한 후 적절한 인가 및 규제, 감독 체제를 확립해서 SPV가 공동 토큰을 발행하는 방식이 바람직하다고 주장했다.

참고문헌

박인혜 · 박나은(2025.4.10). '스테이블 코인' 해외송금 실험나선 은행. ≪매일경제≫, https://www.mk.co.kr/news/economy/11288454

이건호(2022). 『코인의 과거, 현재, 미래』. 커뮤니케이션북스.

European Securities and Markets Authority(2025). Markets in Crypto-Assets regulation(MiCA), https://www.esma.europa.eu/esmas-activities/digital-finance-and-innovation/markets-crypto-assets-regulation-mica

Garratt, R. & Shin, H. S.(2023). Stablecoins versus tokenised deposits: implications for the singleness of money. *BIS Bulletin, 73*, Bank for International Settlements, https://www.bis.org/publ/bisbull73.pdf

German Banking Industry Committee(2021). Europe needs new money – an ecosystem of CBDC, tokenised commercial bank money and trigger solutions, https://die-dk.de/media/files/20210625_DK_Ergebnisdokument_EN.pdf

German Banking Industry Committee(2023). Working Paper on Commercial Bank Money Token, Version 1.51, https://die-dk.de/media/files/20230523_GBIC_Working_Paper_on_Commercial_Bank_Money_Token_V1.51_TSoVscQ.pdf

Swiss Bankers Association(2023). The deposit token: New money for digital Switzerland, White Paper, https://www.swissbanking.ch/_Resources/Persistent/9/4/1/1/941178de59b98030206fc15ac8c99012f65df30b/SBA_The_Deposit_Token_EN_2023.pdf

07

통합 원장, 규제 부채 네트워크, 핀터넷

CBDC를 발행하는 분산 원장 하부 구조를 구축한 후 이를 토대로 모든 금융 자산과 실물 자산에 대한 청구권을 토큰화해서 중앙은행이 결제의 최종성을 뒷받침한다. 이 하부 구조를 모든 것을 한곳에 모은다는 의미로 통합 원장이라 부른다.

통합 원장

BIS는 토큰화가 현재의 화폐 시스템을 보다 나은 단계로 도약시킬 수 있는 방법론의 핵심이라고 주장한다. CBDC를 발행하는 분산 원장 하부 구조를 구축한 후 이를 토대로 모든 금융 자산과 실물 자산에 대한 청구권을 토큰화해서 중앙은행이 결제의 최종성(finality)을 뒷받침한다. 이 하부 구조를 모든 것을 한곳에 모은다는 의미로 통합 원장(unified ledger)이라 부른다. 거래에 수반되는 정보 불균형과 인센티브 문제 등을 극복하는 조치들을 스마트 콘트랙트를 이용해서 자동으로 실행할 수 있는 환경을 구축해서 화폐 시스템의 혁신을 가능하게 만든다(BIS, 2023).

통합 원장은 다단계의 복잡한 금융 및 실물 자산 거래 프로세스를 원활하게 통합해서 자동화함으로써 중개자의 개입 필요성을 줄인다. 중앙은행 화폐와 은행 화폐 및 자산 소유권의 상호 운용성을 보장해 보다 효율적이고 사용자 중심의 금융 시스템을 구축할 수 있게 해 준다. 자산 토큰의 거래를 스마트 콘트랙트로 자동화하면 담보 및 에스크로 기능 등을 보다 효율적으로 활용할 수 있고 소유권 이전과 대금 결제를 동시에 실행할 수도 있다.

혁신의 핵심 요소는 CBDC, 예금 토큰, 그리고 금융 자산 및 실물 자산의 청구권을 토큰화한 자산 토큰의 세 가지다. 통합 원장은 이들을 발행하고 스마트 콘트랙트 기반 거래를 지원하는 플랫폼이다. 과거에는 불가능했던 자동화된 방식의 자산 거래를 실용화하고 다양한 토큰의 거래 방식을 구현하기 위해 프로그래밍 기능은 필수적이다. 금융 자산 및 실물 자산에 대한 청구권을 토큰 형태로 만든 후 거래에 필요한 메시지 전달, 조정 및 결제 등 일련의 작업을 하나의 프로세스로 처리할 수 있다. 2중 화폐 제도가 지원하는 디지털 화폐인 예금 토큰은 CBDC와 등가성이 확보된다.

BIS는 각국 중앙은행이 통합 원장의 구축에 적극적으로 앞장설 것을 촉구한다. 민간의 탈중앙화 네트워크도 혁신 기능을 수행하는 것은 가능하다. 그러나 이러한 네트워크에 화폐 및 금융 시스템 운영을 맡기면 일반 대중이 중앙은행처럼 확고한 신뢰를 갖기 어렵다. 자산 토큰화가 혁신을 견인하기 위해서는 CBDC가 제공하는 중앙은행에 대한 신뢰와 금융 시스템의 주요 요소가 공고하게 결합해야 한다.

통합 원장의 궁극적 비전은 전 세계를 하나로 연결하는 것이다. 물리적인 통합을 추구해서 하나의 원장이 모든 기능을 수행하도록 만든다는 의미가 아니다. 처음에는 개별 국가가 소매 CBDC 및 은행 토큰을 이용해 제한적 범위의 자산 청구권 및 금융 상품을 거래할 수 있는 목적별 분산 원장을 구축하면 된다. 특정 용도별로 구축된 독립된 분산 원장들은 API를 이용해서 연결하는 방식으로 상호 운용성을 확보한다. 이후 각국이 도매 CBDC 시스템을 구축해서 서로 연결하면 전 세계가 실질적인 단일 시스템으로 통합된다. 최근 BIS는 통합 금융 생태계에서 토큰화의 역할에 대한 논의와 여러 국가 및 지역에서 진행 중인 실험적 시도 등을 정리한 보고서를 발간했다(BIS, 2025).

규제 부채 네트워크

시티그룹은 규제 부채 네트워크(Regulated Liability Network, RLN)라는 개념을 제시했다. 2중 화폐 제도 지원을 위해 중앙은행과 은행을 연결한 현재의 네트워크에 이머니(e-money)의 발행자를 포함하자는 것이다. 이머니도 발행자에 대해 은행과 동등한 수준의 강력한 감독을 적용하면 예금 토큰 수준의 안정적인 가치를 유지할 수 있다. 중앙은행의 부채인 CBDC, 은행의 부채인 예금 토큰과 비은행 기업의 부채인 이머니의 등가 교환을 확보하면 화폐의 단일성이 크게 확대되어 지금보다 효율적이고 안정적인 금융 환경이 조성될 수 있다(McLaughlin, 2021).

방법론 측면에서 RLN의 핵심은 도매 CBDC가 은행과 이머니 발행자인 비은행 기업의 결제 토큰 역할을 수행하게 만드는 것이다. 일반 대중이 예금 토큰과 이머니 토큰을 교환하면 발행자인 은행과 비은행 기업이 도매 CBDC로 결제한다. 이론적으로는 스테이블 코인의 발행자도 이 네트워크에 포함해 화폐의 단일성을 더욱 확대하는 것이 가능하다. 이 경우 발행자에 대한 건전성 규제와 더불어 토큰 기반 스테이블 코인을 계좌 기반 형태로 변경해서 자금 세탁 방지 및 신분 확인 절차를 적용하는 등 규제와 감독 측면의 문제를 먼저 해결할 필요가 있다.

규제 가치 인터넷(Regulated Internet of Value, RIV)은 RLN에서 한 걸음 더 나아간 개념이다. 동일한 분산 원장을 기반으로 부채와 자산을 규제 적합성을 갖춘 토큰 형태로 발행해서 거래한다. 동일한 분산 원장에서 발행된 토큰을 종류별로 구분하는 컬러 코인의 방법론을 적용해 채권, 주식, 트레이딩 상품 등 어떤 자산도 거래할 수 있는 형태의 토큰으로 만들어 규제할 수 있다.

2023년 미국 연방준비은행의 뉴욕혁신센터와 10개 금융 기관이 국내 및 국경 간 미국 달러 결제에 초점을 맞춘 예금 토큰과 도매 CBDC 테스트를 통해 공유 분산 원장에서 RLN의 개념 증명에 성공했다(Federal Reserve Bank of New York, 2025). 영국은 대형 은행 대부분과 핀테크 등

비은행 기업을 포함한 300개 이상의 기업이 참여한 RLN 테스트를 실행했다(UK Finance, 2024).

시티그룹은 복수의 은행이 참여하는 디지털 자산 협력 플랫폼인 RLN을 구축하고, 별도로 보완 관계에 있는 시티 토큰 서비스(Citi Token Services, CTS)를 출범시켰다. 이를 통해 예금을 토큰화하고 스마트 콘트랙트를 이용해 전 세계에 산재한 지점들 사이에 자금 및 자산 거래를 실행하는 파일럿 프로그램을 가동했다(Citigroup, 2023).

민간 부문은 글로벌 시장을 대상으로 항상 거래가 가능하고 다양한 자산을 수용하는 하부 구조를 기대한다. 이들의 연구 및 개발 노력은 대부분 퍼블릭 블록체인 개발에 초점을 맞추고 있어 규제 및 감독 당국과 충분한 교감 없이 진행되는 경향이 있다. 공공 부문이 이들의 노력을 통합하지 못하면 오히려 규제 영역 외부의 네트워크들이 토큰화를 주도할 수도 있다.

RLN이나 RIV 같은 개념을 현실화하기 위해서는 중앙은행과 감독 당국 및 은행 등 공공 부문이 큰 변화를 수용해야 한다. 우선 각국 중앙은행이 현재 추진 중인 CBDC 발행 관련 작업의 범위를 모든 규제 부채 및 스테이블 코인을 포함할 수 있게 확대할 필요가 있다. 또 공공 부문 전체가 RIV에 대한 공동 비전을 추구할 수 있도록 보다 폭넓은 시각에서 규제 부채와 규제 자산의 토큰화 문제에 접근해야 한다.

핀터넷

아구스틴 카르스텐스(Agustín Carstens)와 난단 닐레카니(Nandan Nilekani)는 BIS 혁신 비전인 상호 연결된 사용자 중심 금융 시스템 구축을 위해 인도의 디지털 공공 인프라 구축 사례와 각국 신속 결제 시스템(Fast Payments System, FPS)을 분석했다(Carstens & Nilekani, 2024). 그 결과물로 디지털 화폐 및 금융 자산을 발행하는 프로그래밍이 가능한 공유 플랫폼인 핀터넷(Finternet)을 분산 원장 기술을 이용해서 구축할 것을 제안했다.

이들의 제안은 네 가지 특징으로 요약된다. 첫째, 사용자 중심 접근법이다. 시스템 간 장벽을 낮추어 누구나 모든 금융 상품과 서비스에 쉽게 접근할 수 있게 만든다. 둘째, 다양한 금융 자산을 단일 플랫폼에 통합함으로써 메시징 및 정산 프로세스를 단축해서 효율적이고 안정적인 서비스를 제공한다. 셋째, 토큰화 및 통합 원장 등 혁신 기술을 핵심 도구로 사용해서 금융 서비스의 범위와 품질을 확장한다. 넷째, 강력한 경제 및 규제 프레임워크를 구축해서 안정성과 보안을 보장한다.

핀터넷은 인터넷과 유사한 방식으로 다양한 웹사이트와 서비스를 연결한다. 개인과 기업을 중심으로 여러 금융 생태계를 연결해서 보다 효율적인 금융 환경을 조성하는 것이 목표다. 핀터넷은 미래를 위한 금융 시스템이지만 이를 구축하는 데 필요한 상호 운용성, 검증 가능성, 프로그래밍 가능성, 보안 및 개인 정보 보호 등을 위한 암호 기법들과 같은 기술의 대부분은 이미 개발되어 빠른 속도로 개선되고 있다.

참고문헌

Bank for International Settlements(2023). III. Blueprint for the future monetary system: improving the old, enabling the new, BIS Annual Economic Report 2023, https://www.bis.org/publ/arpdf/ar2023e3.pdf

Bank for International Settlements(2025). Leveraging tokenisation for payments and financial transactions. Consultative Group on Innovation and the Digital Economy, https://www.bis.org/publ/othp92.pdf

Carstens, A. & Nilekani, N.(2024). Finternet: the financial system for the future. *BIS Working Papers, 1178*, Bank for International Settlements, https://www.bis.org/publ/work1178.pdf

Citigroup(2023.9.18). Citi Develops New Digital Asset Capabilities for Institutional Clients, https://www.citigroup.com/global/news/press-release/202

3/citi-develops-new-digital-asset-capabilities-for-institutional-clients
Federal Reserve Bank of New York(2025). Facilitating wholesale digital asset settlement, https://www.newyorkfed.org/aboutthefed/nyic/facilitating-wholesale-digital-asset-settlement
McLaughlin, T.(2021). The Regulated Internet of Value, Treasury and Trade Solutions, Citi, https://www.citigroup.com/rcs/citigpa/storage/public/icpublic/2031240-Regulated-Internet-Value.pdf
UK Finance(2024). UK RLN experimentation phase: Summary report, https://www.ukfinance.org.uk/system/files/2024-09/UK%20Finance%20RLN%20Summary%20Report.pdf

08

국제 결제 은행의 CBDC 프로젝트들

BIS 혁신 허브는 다수의 CBDC 방법론 연구 및 모의실험 프로젝트를 추진해 왔다. 2024년 말 현재 결제 시스템과의 연계 등을 포함 20개 정도의 CBDC 프로젝트가 완료 혹은 추진 중이다.

혁신 허브와 CBDC 모의실험

BIS 혁신 허브(BIS Innovation Hub, BISIH)는 글로벌 금융 시스템 개선을 위한 기술 개발과 공유를 목적으로 설립되었다. 홍콩, 런던, 싱가포르, 토론토, 파리 및 프랑크푸르트의 유로 시스템(Eurosystem) 센터, 스톡홀름의 노르딕(Nordic) 센터, 바젤 및 취리히의 스위스 센터 등 일곱 곳을 운영하고, 미국의 뉴욕 연방준비은행과 전략적 파트너십을 맺었다.

BIS 혁신 허브는 다수의 CBDC 방법론 연구 및 모의실험 프로젝트를 추진해 왔다. 2023년에는 국내 5개 및 국경 간 거래 1개의 소매 CBDC와, 국내 2개 및 국경 간 거래 4개의 도매 CBDC 프로젝트 결과를 G20 재무장관 및 중앙은행총재 회의에 보고했다(BISIH, 2023a). 2024년 말 기준으로 결제 시스템과의 연계 등을 포함 20개 정도의 CBDC 프로젝트가 완료 혹은 추진 중이다.

소매 및 도매 CBDC

홍콩센터, 홍콩금융관리국(HKMA), 홍콩응용과학기술연구소는 소매 CBDC 프로젝트인 아우름(Aurum)을 추진했다. 일반 대중이 전자 지갑을 이용해서 스테이블 코인 형태의 CBDC를 거래하면 발행자인 은행들이 중개

(intermediated) CBDC로 결제하는 방식의 2중 화폐 제도 시스템 프로토타입을 개발해서 테스트했다(BISIH, 2022a). 홍콩 센터와 HKMA는 이후 투명성과 소비자 프라이버시의 균형 확보를 주요 목표로 아우룸 2.0에 돌입했다. 가명화(pseudonymization) 및 영지식 증명(zero knowledge proof) 등 다양한 기술의 활용 가능성 검토와 시스템 성능 및 법규 준수에 미치는 영향을 테스트하는 프로젝트다.

런던센터와 영국은행의 공동 프로젝트인 로잘린드(Rosalind)는 민간 부문의 서비스 제공 업체가 중앙은행의 원장과 API를 통해 상호 작용하면서 소매 결제를 안전하게 제공하는 방법론을 모색했다. 중앙은행이 소매 CBDC 시스템 운영, 은행이 고객 대면 활동을 담당하는 모형을 개발해서 민관 협력 증진, 상호 운용성 증대, 경쟁 촉진 및 수용 가능성 확대 등에 필요한 요건을 탐구했다(BISIH, 2025a).

노르딕 센터가 주도한 프로젝트 폴라리스(Polaris)는 보다 안전하고 유연한 온라인 및 오프라인 CBDC 시스템 설계에 초점을 맞추었다. 수차례에 걸친 모의실험 후 2023년 CBDC 오프라인 지급과 시스템 보안에 관련된 보고서 네 건을 발표했다(BISIH, 2025b).

셀라(Sela)는 BIS와 HKMA 및 이스라엘 중앙은행의 공동 프로젝트다. 중앙은행이 이용자 계정을 관리하고 민간 중개자가 고객 대면 서비스를 처리하는 소매 CBDC 아키텍처를 개발했다. 현금의 이점을 유지하면서 접근성과 경쟁 및 사이버 보안을 강화한 CBDC 생태계 구축 가능성을 테스트했다(BISIH, 2023b).

스위스 센터가 추진한 투르비용(Tourbillon)은 지급인 익명성의 패러다임을 제시했다. 소매 CBDC 지급인은 판매자, 은행, 중앙은행 등에 개인 정보를 공개하지 않고, 결제 과정에 공개가 불가피한 수취인 신분도 은행에만 보관되어 거래 금액 이외의 거래자 정보가 중앙은행에 전달되지 않는다(BISIH, 2023c).

헬베티아(Helvetia)는 스위스 센터, 스위스 중앙은행과 금융 시장 하부 구조 운영자인 식스(SIX)가 함께 추진했다. 토큰화된 금융 자산의 금융 기관 간 거래를 CBDC로 결제하는 데 관한 운영, 법률 및 정책 문제에 초점을 맞추었다. 1단계로 RTGS 시스템과 토큰화된 자산의 거래 및 결제 플랫폼을 기반으로 테스트 환경을 구축했다. 이후 중앙은행과 은행을 연결한 코어 뱅킹 시스템에 도매 CBDC를 통합, 거래의 전 과정에 걸쳐 1단계 테스트를 확장했다(BISIH, 2025c). 3단계로는 중앙은행이 독자적으로 도매 CBDC를 발행해서 토큰화된 자산 거래를 결제하는 테스트를 추진했다(Swiss National Bank, 2023).

노르딕 센터와 이스라엘, 노르웨이, 스웨덴 중앙은행들이 참여한 아이스브레이커(Icebreaker)는 각국의 국내 소매 CBDC 시스템을 허브 앤 스포크(hub & spoke) 형태로 연결했다. 국경 간 거래를 각국의 국내 거래로 분할해서 국내 시스템이 지급을 처리하는 방법론을 테스트했다. 특정 통화의 유동성 부족은 복수의 외환 공급자가 허브에 견적을 제출하는 방식으로 해결했다(BISIH, 2023d).

CBDC 기반 국경 간 결제

쥐라(Jura)는 도매 CBDC를 이용해서 토큰화된 자산의 국경 간 거래를 결제하는 테스트다. 스위스 센터와 프랑스 및 스위스 중앙은행, 그리고 민간 컨소시엄이 참여했다. 중앙은행들이 제3자 플랫폼에서 유로 및 스위스 프랑 도매 CBDC를 발행하고 프랑스 및 스위스의 은행이 이중 공증 서명(dual-notary signing) 등을 이용해서 접근하는 방식이다. 토큰화된 자산 및 외환 거래에서 외국 금융 기관에 중앙은행 네트워크의 직접 접근을 허용하지 않고도 효율적 결제가 가능함을 입증했다(Banque de France et al., 2021).

던바(Dunbar)는 싱가포르 센터와 오스트레일리아, 말레이시아, 남아프리카 중앙은행 및 싱가포르금융청(Monetary Authority of Singapore, MAS)이 참여했다. 개별 국가의 CBDC로 국제 결제를 실행하는 공동 플랫폼 구축을 위한 과제를 확인하고 실용적 설계 방식을 제안했다. 알스리(R3)의 기업용 블록체인 코다(Corda)의 프로토타입과 금융 기관인 제이피모건(J.P. Morgan), 디비에스(DBS), 싱가포르국부펀드(Temasek)가 지원한 파르티어(Partior)의 프로토타입을 테스트했다(BISIH, 2022b).

엠브리지(mBridge)는 홍콩 센터와 홍콩, 태국, 중국 및 아랍에미리트(UAE) 중앙은행이 주관하고, 한국과 필리핀 등 다수 국가의 중앙은행 및 국제통화기금과 세계은행 등 국제기구들이 옵서버로 참여했다. 환율 통제나 자본 흐름 관리 등 개별 국가의 규제 요건을 수용하면서 상호 운용성을 확보한 다국가 CBDC의 공용 플랫폼을 구축했다. 2022년 20개 은행이 참여해서 기업 고객의 지급 대 지급(Payment vs Payment, PvP) 방식 외환 거래 테스트를 실행했다(BISIH, 2022c).

마리아나(Mariana)는 스위스, 싱가포르 및 유로 시스템 센터와 프랑스 및 스위스 중앙은행과 MAS의 공동 프로젝트다. 디파이(DeFi) 기술로 퍼블릭 블록체인을 이용해서 금융 기관의 국경 간 거래와 결제를 테스트했다. 하이퍼레저(Hyperledger)의 베수(Besu)로 국내, 퍼블릭 블록체인인 세폴리아(Sepolia) 테스트넷으로 국제 거래의 플랫폼을 구축했다. 유로, 싱가포르 달러 및 스위스 프랑의 가상 도매 CBDC로 개념 증명을 실행하면서 퍼블릭 블록체인의 토큰 표준을 사용했다. 네트워크 간 토큰 전송에는 브리지(bridge)를 이용하고 외환 거래 및 정산 처리에 디파이의 자동화 시장 조성자(automated market maker, AMM) 활용 가능성도 확인했다(BISIH, 2023e).

아고라(Agorá)는 예금 토큰과 도매 CBDC로 국경 간 지급을 처리하는 방안을 연구한다. 유로 시스템을 대표한 프랑스와 일본, 우리나라, 멕시코, 스위스, 영국 및 미국의 중앙은행과 각 통화를 대표하는 복수의 금융 기관들이 참여했다. 민관 협력으로 프로그래밍이 가능한 핵심 금융 플랫폼을 구축해서 2중 화폐 제도를 보완하고 스마트 콘트랙트를 이용해 현재는 불가능한 기능 및 거래 방식의 실행 가능성을 탐구하는 데 초점을 맞춘다(BIS, 2024).

만달라(Mandala)는 싱가포르 센터, 오스트레일리아, 우리나라, 말레이시아 중앙은행과 MAS 및 다수의 금융 기관이 협업한 개념 증명 프로젝트다. 해외 직접 투자(FDI)와 차입 및 지급 등을 위한 공통 프로토콜에 개별 국가의 정책 및 규제 요건을 프로그램화해서 디지털 자산의 국경 간 이전을 보다 효율적으로 처리한다. 프로젝트 던바에서 확인된 주요 과제를 해결하고 국가별 법규 준수 절차 및 정책에 대한 투명성과 가시성을 높이는 것이 주된 목적이다(BISIH, 2024).

참고문헌

Bank for International Settlements(2024.4.3). Project Agorá: central banks and banking sector embark on major project to explore tokenisation of cross-border payments, https://www.bis.org/press/p240403.htm

Banque de France, Bank for International Settlements & Swiss National Bank(2021). Project Jura: cross-border settlement using wholesale CBDC, https://www.bis.org/publ/othp44.pdf

BIS Innovation Hub(2022a). Project Aurum: a prototype for two-tier central bank digital currency(CBDC), https://www.bis.org/publ/othp57.pdf

BIS Innovation Hub(2022b). Project Dunbar: international settlements using multi-CBDCs, https://www.bis.org/publ/othp47.pdf?trk=article-ssr-frontend-pulse_x-social-details_comments-action_comment-text

BIS Innovation Hub(2022c). Project mBridge: connecting economies through CBDC, https://www.bis.org/publ/othp59.pdf

BIS Innovation Hub(2023a). Lessons learnt on CBDCs: Report submitted to the G20 finance ministers and central bank governors. Bank for International Settlements, https://www.bis.org/publ/othp73.pdf
BIS Innovation Hub(2023b). Project Sela: an accessible and secure retail CBDC ecosystem, https://www.bis.org/publ/othp74.pdf
BIS Innovation Hub(2023c). Project Tourbillon: exploring privacy, security and scalability for CBDCs, https://www.bis.org/publ/othp80.pdf
BIS Innovation Hub(2023d).Project Icebreaker: breaking new paths in cross-border retail CBDC payments, https://www.bis.org/publ/othp61.pdf
BIS Innovation Hub(2023e).Project Mariana: cross-border exchange of wholesale CBDCs using automated market-makers, https://www.bis.org/publ/othp75.pdf
BIS Innovation Hub(2024). Project Mandala: Streamlining cross-border transaction compliance, https://www.bis.org/publ/othp87.pdf
BIS Innovation Hub(2025a). Project Rosalind: developing prototypes for an application programming interface to distribute retail CBDC, https://www.bis.org/about/bisih/topics/cbdc/rosalind.htm
BIS Innovation Hub(2025b). Project Polaris: secure and resilient CBDC systems, offline and online, https://www.bis.org/about/bisih/topics/cbdc/polaris.htm
BIS Innovation Hub(2025c). Project Helvetia: a multi-phase investigation on the settlement of tokenised assets in central bank money,

https://www.bis.org/about/bisih/topics/cbdc/helvetia.htm
Swiss National Bank(2023.11.2). SNB launches pilot project with central bank digital currency for financial institutions, https://www.snb.ch/en/publications/communication/press-releases/2023/pre_20231102

09

주요국의 CBDC 추진 현황

전 세계 CBDC 개발 추진 현황을 모니터링하고 있는 CBDC 트래커에 따르면 파일럿 테스트를 포함해 가장 활발하게 연구가 진행되는 지역은 유럽이다. 특히 유럽 중앙은행과 유로존 국가 중앙은행들이 디지털 유로 개발을 적극적으로 추진해 왔다.

유럽과 미국

애틀랜틱 카운실(Atlantic Council)은 2025년 9월 현재 137개국의 전 세계 CBDC 개발 현황을 모니터링하고 있다. 파일럿 테스트를 포함해 가장 활발하게 연구가 진행되는 지역은 유럽이며, 유럽 중앙은행(European Central Bank, ECB)과 유로존 국가 중앙은행들이 디지털 유로(Euro) 개발을 적극적으로 추진해 왔다(Atlantic Council, 2025).

ECB의 관심은 소매 및 도매 CBDC를 모두 포함한다. 현금을 보완해서 디지털 환경에서 일반 대중이 중앙은행 화폐에 원활하게 접근할 수 있게 만드는 것이 주된 목표다. 디지털 유로의 로드맵을 수립하고 파일럿 시스템 구축 및 기존 결제 시스템과의 원활한 통합과 국경 간 거래 촉진을 위해 이해관계자와의 협력 체제를 구축한다. 특히 상호 운용성 확립에 초점을 맞추어 각국 중앙은행 및 국제 기구와 협력을 통한 공통 표준 및 프로토콜 개발을 적극 추진해 왔다. 최근 발표에 의하면 2025년 10월까지는 디지털 유로 발행을 위한 실무적 준비를 완료할 예정이다(ECB, 2025).

영국은 중앙은행이 디지털 파운드(Pound) 개발의 중추적 역할을 수행한다. 광범위한 연구와 다양한 이해관계자의 참여를 중시하며, 2021년 개발 노력을 조율하기 위해 재무부와 공동 태스크 포스를 출범시켰다. CBDC의 잠재적 이점, 디자인, 기능, 사용자 및 기업에 대한 시사점 등의 연구 과정에서 금융 안정성 유지와 개인 정보 보호, 결제 시스템 혁신의 중요성을 강조한다(Bank of England & HM Treasury, 2023).

유럽의 비유로 국가들도 적극적으로 CBDC 연구를 추진해 왔다. 각국의 구체적인 개발 노력의 내용과 진척 상황은 기술 및 하부 구조 발전 단계와 규제 프레임워크 및 정책 목표에 따라 차이가 있다. 스웨덴은 급속한 현금 사용 감소에 대응한 안정적 결제 시스템의 필요성에서 디지털 화폐를 본격적으로 연구하기 시작했다. 기존 결제 서비스와의 공존에 초점을 맞춘 이크로나(e-Krona) 프로젝트를 통해 안전하고 접근하기 쉬운 다양하고 탄력적인 결제 생태계 유지의 중요성을 강조한다(Sveriges Riksbank, 2024).

스위스는 금융 시스템의 효율성과 보안 강화를 강조하면서 BIS 등 국제기구와 협력을 통해 적극적인 연구와 파일럿 프로젝트를 수행해 왔다. 덴마크는 CBDC 설계 및 구현에서 개인 정보 보호와 보안 및 상호 운용성의 중요성을 강조하며, 중앙은행이 국가 경제와 금융 시스템에 미치는 디지털 화폐의 영향에 대한 연구를 다수 수행했다(Danmarks Nationalbank, 2017). 노르웨이는 금융 시스템 안정성과 화폐 시스템에 대한 대중의 신뢰를 강조한다. CBDC의 잠재적 이점과 과제를 평가하기 위해 지속적으로 연구 및 파일럿 프로젝트를 추진해 왔다(Norges Bank, 2023).

미국도 CBDC에 대한 큰 관심을 유지해 왔고, 연방준비제도이사회가 CBDC의 장단점을 검토한 논문을 발표하기도 했다(Federal Reserve System, 2022). 그러나 2025년 트럼프 행정부가 들어선 후 CBDC 개발 노력의 중단을 공식적으로 선언했고, 7월에는 연방준비제도가 개인에게 금융 서비스를 직접 제공하거나 디지털 화폐를 직접 발행하는 행위를 금지하는 'CBDC 감시 국가 방지 법안(Anti-CBDC Surveillance State Act)'이 하원을 통과했다.

중국 및 기타 아시아 국가

중국 인민은행(People's Bank of China, PBoC)은 일찍부터 기존 결제 시스템을 보완하는 포용적 결제 시스템 구축을 목표로 디지털 화폐 전자 결제 프로젝트를 추진해 왔다. 이용자 수백만 명과 수천 개 기업이 실제 시나리오에 참여하는 파일럿 테스트를 선전, 쑤저우, 청두 등 도시에서 광범위하게 실행했고, 베이징 동계 올림픽에서 이위안(e-CNY)을 공개했다. 알리페이(Alipay)나 위챗페이(WeChat Pay) 등 민간 PSP의 시스템에 차질이 발생해도 CBDC가 결제 시스템의 복원을 보장하고 시장 경쟁과 금융 포용성을 촉진할 수 있을 것으로 기대한다(PBoC, 2022).

그 밖의 아시아 국가들도 각기 고유한 동기와 접근 방식으로 CBDC의 발행 가능성을 적극적으로 모색해 왔다. 일본은행은 디지털 엔화의 개념 증명을 완료하고 기술적 실현 가능성을 테스트하는 시범 단계에 돌입했다(Bank of Japan, 2024). 인도는 소매 및 도매 디지털 루피(Rupee)를 테스트했고, 시범 단계에 대형 유통 체인인 릴라이언스 리테일(Reliance Retail)이 참여했다(Reserve Bank of India, 2022).

싱가포르는 국제 협력과 상호운영성의 중요성을 강조하고 국경 간 결제에 초점을 맞추어 BISIH(BIS Innovation Hub, BIS 혁신 허브)가 추진하는 다수의 CBDC 프로젝트에 적극적으로 참여해 왔다. MAS 주도로 은행 간 결제에 초점을 맞춘 파일럿 테스트도 다수 수행했다. 디지털 화폐를 금융 시스템 및 결제 네트워크와 통합하는 방안에 초점을 맞춘 프로젝트인 우빈(Ubin)은 암호 화폐인 리플(Ripple)의 엑스알피원장(XRP Ledger)을 이용해 관심을 끌었다(Deloitte & MAS, 2017).

캄보디아 국립은행은 2020년 10월 블록체인 기반 결제 시스템인 바콩(Bakong)을 출시했다. 은행별 QR 코드를 통합한 플랫폼에 다수의 은행, 금융 기관 및 결제 서비스 제공 업체 등이 참여해서 결제를 처리한다. 현지에 진출한 KB국민, 우리, 신한 등 우리나라 은행도 참여하고 있다(Bakong, 2025). 태국 중앙은행도 결제 효율성과 금융 포용성을 높이기 위해 소매 및 도매 CBDC를 연구하고 파일럿 프로그램을 적극적으로 진행해 왔다(Bank of Thailand, 2025).

기타 지역

카리브해 지역 국가들은 외딴섬 등 소외 지역의 주민들에게 안전하고 효율적인 디지털 결제 방법을 제공하기 위해 비교적 일찍 CBDC를 채택했다. 바하마는 2020년 10월 세계 최초로 기존 바하마 달러를 디지털화한 CBDC인 샌드달러(Sand Dollar)를 도입했다(Branch et al., 2023). 동부카리브해통화연합의 8개 회원국은 소매 CBDC인 디캐시(DCash)를 출시했고, 자메이카 중앙은행도 은행이 없거나 부족한 지역에 안전하고 효율적인 디지털 결제 수단을 제공하기 위해 소매 CBDC인 잼덱스(Jam-Dex)를 출시했다(Noll, 2024).

남아메리카는 브라질이 CBDC 개발을 선도한다. 광범위한 연구 및 파일럿 테스트를 통해 브라질 헤알(Real Brasileiro)의 디지털 버전인 드렉스(Drex)를 개발했다(Banco Central do Brasil, 2025). 아르헨티나도 디지털 페소(Peso)의 법적 프레임워크를 마련하는 등 높은 인플레이션과 금융 서비스의 제한적 접근성과 같은 고질적 문제의 해결을 위해 노력하고 있다(Chhangani, 2023). 우루과이는 CBDC 연구의 초점을 중앙 집중형 지급 결제 시스템 기반의 이페소(e-Peso) 개발에 맞추었다(Nambiampurath & Baird, 2020).

중동과 아프리카 지역 국가들도 적극적이다. 사우디아라비아와 아랍에미리트의 공동 프로젝트인 아베르(Aber)는 블록체인을 이용해서 국경 간 결제의 효율성과 보안을 강화하는 파일럿 테스트를 성공적으로 완료했다(Saudi Central Bank & Central Bank of the U.A.E., 2020). 바레인도 지속적으로 CBDC 관련 연구 및 테스트를 진행해 왔다(IMF, 2023).

아프리카에서는 나이지리아가 2021년 분산 원장 기술을 활용해서 이나이라(eNaira)를 성공적으로 출시했다

(Central Bank of Nigeria, 2025). 남아프리카공화국도 코카(Khokha) 이니셔티브로 도매 CBDC 결제 시스템의 기술적 개념 증명을 완료했다(South African Reserve Bank, 2018). 가나는 디지털 세디(Cedi) 파일럿 프로그램을 통해 CBDC 개발에 상당한 진전을 이루었다(Bank of Ghana, 2024). 중앙아프리카공화국은 2022년 산고(Sango)를 발행했으나 큰 성공을 거두지 못했다(Patrick, 2022).

참고문헌

Atlantic Council(2025). Central bank digital currency counter, https://www.atlanticcouncil.org/cbdctracker/

Bakong(2025). The Next-Generation Mobile Payments and Banking, https://bakong.nbc.gov.kh/en/

Banco Central do Brasil(2025). Drex – Digital Brazilian Real, https://www.bcb.gov.br/en/financialstability/drex_en

Bank of England & HM Treasury(2023). The digital pound: A new form of money for households and businesses? Consultation Paper, https://www.bankofengland.co.uk/paper/2023/the-digital-pound-consultation-paper

Bank of Ghana(2024). The eCedi report: A report on Bank of Ghana's central bank digital currency pilot project, https://www.bog.gov.gh/wp-content/uploads/2024/10/The-eCedi-Report-221024.pdf

Bank of Japan(2024). Central Bank Digital Currency Experiments: Progress on the Pilot Program. Payment and Settlement Systems Department, https://www.boj.or.jp/en/paym/digital/dig240531a.pdf

Bank of Thailand(2025). Thailand's progress and development of CBDC, https://www.bot.or.th/en/financial-innovation/digital-finance/central-bank-digital-currency/Whatarethebenefits/developmentofcbdc.html

Branch, S., Ward, L., & Wright, A.(2023). The evolution of SandDollar. *Intereconomics. 58*(4). pp.178-184 JEL: E40, E12, E58, https://www.intereconomics.eu/contents/year/2023/number/4/article/the-evolution-of-sanddollar.html

Central Bank of Nigeria(2025). History of Nigerian currency, https://www.cbn.gov.ng/currency/historycur.html

Chhangani, A.(2023.11.6). Central bank digital currency evolution in 2023: From investigation to preparation. Econographics. Atlantic Council, https://www.atlanticcouncil.org/blogs/econographics/central-bank-digital-currency-evolution-in-2023-from-investigation-to-preparation/

Danmarks Nationalbank(2017). Analysis: Central bank digital currency in Denmark?, https://www.nationalbanken.dk/media/rgqompbp/analysis-central-bank-digital-currency-in-denmark.pdf

Deloitte & Monetary Authority of Singapore(2017). The future is here | Project Ubin: SGD on distributed ledger, https://docslib.org/doc/5704280/the-future-is-here-proje

ct-ubin-sgd-on-distributed-ledger

European Central Bank(2025.3.6). Christine Lagarde, President of the ECB, Luis de Guindos, Vice-President of the ECB, https://www.ecb.europa.eu/press/press_conference/monetary-policy-statement/2025/html/ecb.is250306~4307bd0941.en.html

Federal Reserve System(2022). Money and payments: The U.S. dollar in the age of digital transformation, https://www.federalreserve.gov/publications/files/money-and-payments-20220120.pdf

International Monetary Fund(2023). Kingdom of Bahrain: Selected issues. *IMF Staff Country Reports, 2023*(333). Middle East and Central Asia Dept. accessed 2025.4.11, https://doi.org/10.5089/9798400254581.002

Nambiampurath, R. & Baird, K.(2020). Uruguay's e-Peso: How a Small Nation Built the World's First CBDC, https://beincrypto.com/uruguays-e-peso-how-a-small-nation-built-the-worlds-first-cbdc/

Noll, F.(2024.4.10). Observations from the Retail CBDCs of the Caribbean. Payments System Research Briefing. Federal Reserve Bank of Kansas City, https://www.kansascityfed.org/documents/10104/PaymentsSystemResearchBriefing24Noll0410.pdf

Norges Bank(2023). Central bank digital currency-final report for project Phase 4. *Norges Bank Papers*, https://www.norges-bank.no/contentassets/fb85d452791d4d1a9f04aa4d3c18683d/norges-bank-papers-2---phase-4---final-report.pdf?v=18122023133556

Patrick, E.(2022.12.20). Central African Republic delays the launch of its cryptocurrency "Sango" until 2023, https://www.cryptopolitan.com/car-delays-launch-of-sango-until-2023/

People's Bank of China(2022). Pressing ahead with the pilot program of E-CNY R&D, http://www.pbc.gov.cn/en/3688006/4671762/4688130/index.html

Reserve Bank of India(2022). Concept Note on Central Bank Digital Currency, https://rbidocs.rbi.org.in/rdocs/PublicationReport/Pdfs/CONCEPTNOTEACB531172E0B4DFC9A6E506C2C24FFB6.PDF

Saudi Central Bank & Central Bank of the U.A.E.(2020). Project Aber: Saudi Central Bank and Central Bank of the U.A.E. joint digital currency and distributed ledger project. Final report, https://www.sama.gov.sa/en-US/News/Documents/Project_Aber_report-EN.pdf

South African Reserve Bank(2018). Project Khokha: Exploring the use of distributed ledger technology for interbank payments settlement in South Africa, https://www.resbank.co.za/content/dam/sarb/publications/media-releases/2018/8491/SARB_ProjectKhokha-20180605.pdf

Sveriges Riksbank(2024). The e-krona as part of a long-term solution to the challenges of digitalisation. *Payments Report 2024*, https://www.riksbank.se/en-gb/payments--cash/payments-in-sweden/payments-report--2024/the-riksbanks-wor k-and-policy/work-on-the-e-krona-continues/the-e-krona-as-part-of-a-long-term-solution-to-the-challenges-of-digitalisation/

10

우리나라의 CBDC 추진 현황

한국은행의 노력에 힘입어 현재 우리나라는 CBDC 발행을 위한 기술적 준비 측면에서 상당한 진척을 보이고 있는 국가로 평가된다. BIS는 한국은행의 CBDC 프로젝트 핵심 내용을 보고서로 발표했으며, 여러 나라가 이에 큰 관심을 보이고 있다.

한국은행의 노력

우리나라는 아직 정책적 측면에서 CBDC 발행에 관한 본격적 논의가 이루어지지 않았다. 그러나 중앙은행인 한국은행은 일찍부터 금융 결제국 내에 별도의 전담 조직을 설치하는 등 CBDC 발행에 관련된 문제를 깊이 있게 검토하기 시작했다. 2018년에는 금융 결제국을 간사로 법규제도실, 금융안정국, 통화정책국, 금융시장국, 발권국, 국제국, 경제연구원이 참여한 '가상통화 및 CBDC 공동연구 TF'를 출범시켰다. BIS 등 국제기구 중심 CBDC 논의 점검과 지급 결제 시스템 및 금융 시스템에 미치는 가상통화의 영향 연구가 주목적이었다(구혜린, 2018).

2020년 4월에는 구체적인 연구 추진 계획을 발표했다(한국은행, 2020.4.2). 지급 결제 환경 변화에 선제적으로 대응하기 위해 CBDC 도입의 기술적 · 법률적 필요 사항을 사전 검토하고 CBDC 설계 및 요건 정의, 기술 검토, 업무 프로세스 분석 등을 추진한다는 내용이다. 이러한 연구를 토대로 파일럿 시스템을 구축해서 테스트한다는 것도 계획에 포함되었다.

2021년에는 분산 원장 기술을 이용한 CBDC 시스템 구현 가능성을 점검하는 파일럿 테스트를 2단계에 걸쳐 실시했다. 1단계로 클라우드에 테스트 환경을 조성하고

CBDC의 제조, 발행, 송금 및 대금 결제, 환수 등 기본적 기능을 구현했다(한국은행, 2022.1.25). 2단계는 오프라인 거래와 국가 간 송금 등 지급에 직접 관련된 서비스는 물론, 프로그래밍 기능을 이용해서 이자 지급과 압류 등을 구현하고 영지식 증명 등 최신 기술의 적용 가능성도 점검했다(한국은행, 2022.11.7).

테스트 시스템은 송금인과 수취인이 직접 인터넷에 연결되지 않은 상태에서 CBDC 거래를 근거리 무선 통신(Near Field Communication, NFC)을 통해 처리할 수 있었다. 이상 거래 탐지나 법원 판결의 집행 등 정책 지원 업무의 수행을 위한 스마트 콘트랙트 활용 가능성도 검증되었다. 오프라인의 익명 거래를 지원하면서 불법 복제를 방지하고, 이중 지불을 차단하기 위해 비정상 거래가 발생한 전자 지갑의 기능을 중지시키는 것도 가능했다. 인도 대 지급 방식의 CBDC와 NFT 결제는 물론 중개 기관의 환전을 거치는 국가 간 거래 등 서로 다른 분산 원장에서 발행된 토큰의 거래도 원활히 처리할 수 있었다. CBDC 시스템에 레이어2 및 영지식 증명 등의 신기술을 적용하는 데에는 아직 한계가 있다는 것도 확인했다.

이 외에도 확장성에 관련된 주요 정보를 다수 확인했다. 예를 들어 테스트 시스템은 국내 소액 결제 시스템 일

평균 거래 건수인 초당 1000건 미만 CBDC 거래는 원활히 처리했지만 최대 성능치인 초당 2000건에 접근하면 응답 대기 시간의 지연이 발생했다.

단일 클라우드 환경에서 구축되었던 시스템을 다수 금융 기관 및 국제기구 등과 협력해서 실제 IT 시스템 운영 환경에서 점검하는 연계 실험도 후속 작업으로 실시했다(한국은행, 2023.5.8). 1개 IT 센터와 6개 노드로 구성되었던 기존 환경을 2022년 7월부터 6개 IT 기업과 14개 은행 및 금융 결제원의 협업으로 2개 IT 센터와 18개 노드로 확대했다. 이 경우도 대부분 기능이 정상적으로 작동한다는 것이 확인되었다.

CBDC 활용성 테스트

2023년 11월 한국은행, 금융위원회 및 금융감독원은 국민이 직접 참여하는 「CBDC 활용성 테스트」 세부 추진 계획을 발표했다(한국은행 외, 2023.11.23). 이 계획은 가상 환경에서 새로운 형태의 금융 상품을 발행해 유통하는 기술 실험과 기존 시스템 개선을 위한 실거래 테스트를 포함한다.

기술 실험은 세 가지 활용 사례를 테스트한다. 첫째는 CBDC 시스템과 외부 분산 원장 시스템인 탄소 배출권 거래 모의 시스템을 연계해서 탄소 배출권과 특수 지급 토큰을 직접 교환한다. 이 실험을 위해 한국은행과 한국거래소가 2023년 10월 양해 각서(MOU)를 체결했다(민선희, 2023). 둘째는 공모 방식으로 토큰화된 자산을 발행할 때 청약 단계에서 신청 금액에 해당하는 금액에 대한 처분제한 조건(lock)을 예금 토큰에 부여한다. 자산 배정이 완료된 후 스마트 콘트랙트가 최종적으로 확정된 금액만을 이체한다. 셋째는 CBDC 시스템 내에서 발행한 디지털 증권을 금융 기관이 기관용 CBDC를 활용해서 인도 대 지급 방식으로 결제하는 통합 원장 구현 방법론을 테스트한다.

실거래 테스트는 디지털 바우처(voucher) 기능이 프로그램된 예금 토큰을 발행해 거래 대금을 지급하고 CBDC로 결제하는 방법론을 테스트한다. 발행-유통-지급의 전 과정을 의뢰 기관의 요청에 따른 은행의 예금 토큰 발행, 예금 토큰을 이용한 소비자의 물품 구매, 판매자 계좌의 CBDC 입금이라는 구체적 작업으로 단계를 구분해서 실행하는 테스트다.

2024년 11월 과학기술정보통신부, 금융위원회, 한국은행이 업무 협약을 맺고 2025년 4월 '한강 프로젝트'로 명명된 테스트에 돌입했다(한국은행 외, 2025.3.24). 은행이 예금 토큰 발행과 개인 및 상점 등 실험 참가자 모집과 관리, 이용자 지갑 개발, 이용 대금 지급 등을 담당하며, 최대 10만 명 이내의 일반 이용자가 테스트에 참여하는 1단계가 6월 말 종료되면 10월 이후 2단계에 돌입할 예정이었다(신중섭, 2025). 그러나 이재명 정부 출범 후 스테이블 코인 제도화에 정치권의 관심이 집중되면서 잠정적으로 2단계 테스트가 중단되었다.

국제 협력

한국은행의 노력에 힘입어 현재 우리나라는 CBDC 발행을 위한 기술적 준비 측면에서 상당한 진척을 보이고 있는 국가에 속한다. BIS는 한국은행 CBDC 프로젝트 핵심 내용을 보고서로 발표했고, 여러 나라가 큰 관심을 보이고 있다(Bank of Korea & BIS, 2023).

한국은행 프로젝트의 특징은 크게 세 가지로 요약할 수 있다. 첫째, 중앙은행이 운영하는 핵심 하부 구조를 중심으로 다른 기관들이 운영하는 위성 시스템들을 연결하는 방식으로 광범위한 시스템을 구축했다. 이 방법론은 다양한 사용 사례에 필요한 기능을 제공하는 유연한 플랫폼을 구축해 시장의 발전을 적극적으로 수용할 수 있다. 둘째, 기존 규제 환경을 토대로 CBDC 시스템 기능 적용을 위한 대안을 모색했다. 이 방법론은 CBDC 시스템 구축을 위해

새롭게 개발이 필요한 요소들을 확인하는 작업을 단순화할 수 있다. 셋째, 조건부 지급의 구현을 위해 CBDC 시스템 내부에서 발행된 디지털 화폐에 바우처 기능을 부가했다.

한국은행은 국경 간 결제의 효율성 향상을 위해 국제 협력에도 적극적으로 참여하고 있다. 대표적 사례가 BIS와 미국 등 7개국 중앙은행 및 민간 금융 기관이 공동으로 추진하는 아고라 프로젝트 참여다. 기축 통화국 중심의 프로젝트에 초기부터 한국은행이 참여해 주도적 역할을 수행한다는 점에 특별히 의미가 있다. 한국은행이 추진해 온 연구 및 개발 노력을 국제 사회가 높이 평가하고 있다는 증빙이기도 하다.

이 프로젝트는 도매 CBDC와 예금 토큰 플랫폼을 공공 및 민간 부문이 협력해서 구축한다. 2024년 9월 프로젝트가 본격 추진 단계에 들어서 우리나라 은행인 국민, 기업, 농협, 신한, 우리, 하나를 포함해 전 세계 40여 개 민간 기관의 참여가 확정되었다. 이 플랫폼은 향후 해외 송금 등 국가 간 지급 결제를 처리하는 새로운 글로벌 하부 구조로 발전할 것으로 기대되고 있다.

한국은행은 BISIH(BIS Innovation Hub, BIS 혁신 허브)의 싱가포르 센터, 오스트레일리아, 말레이시아, 싱가포르 중앙은행과 함께 프로젝트 만달라(Mandala)에도 참여했다. 참여 기관들은 국가별로 상이한 규제의 준수 여부를 확인하는 절차를 자동화한 시스템을 구축했다. 동일 거래에 대한 지급 및 수취 은행의 중복 확인 절차를 간소화해 처리 속도 및 투명성을 개선하기 위함이다. 한국-오스트레일리아, 말레이시아-싱가포르 간의 외화 자금 이체를 통해 이 시스템이 실제로 국경 간 자본 이동 관리, 자금세탁 방지 및 테러 자금 조달 방지 등의 규제 준수 확인 절차를 간소화할 수 있다는 것이 검증되었다(한국은행, 2024).

참고문헌

구혜린(2018.1.9).한은, 가상통화 및 CBDC 공동연구 TF 출범. ≪한국금융신문≫, https://www.fntimes.com/html/view.php?ud=2018010914522948939028 57eb1a_18

민선희(2023.10.30). 한은-거래소, 탄소배출권 거래 '분산 원장·CBDC 기술' 테스트. ≪연합뉴스≫, https://www.yna.co.kr/view/AKR20231030098100002

신중섭(2025.4.20). 한은 "CBDC 실험, 10월부터 개인송금 추가". ≪서울경제≫, https://n.news.naver.com/article/011/0004476184?sid=101

한국은행 · 금융위원회 · 금융감독원(2023.11.23). 한국은행-금융위원회-금융감독원, 「CBDC 활용성 테스트」

세부 추진 계획 마련. 금융 결제국 디지털화폐기획팀 및 디지털화폐기술1팀. 보도자료, https://www.bok.or.kr/portal/bbs/B0000361/view.do?nttId=10080713&menuNo=201137&pageIndex=1
한국은행 · 금융위원회 · 금융감독원(2025.3.24). 디지털화폐 테스트(프로젝트 한강) 일반 이용자 실거래 실시 계획 및 이용자 모집 안내. 공보 2025-03-25호, https://www.bok.or.kr/portal/bbs/B0000502/view.do?nttId=10090447&menuNo=100847&pageIndex=1
한국은행(2020.4.2). 한국은행, 중앙은행 디지털화폐(CBDC) 파일럿 테스트 추진. 금융 결제국 디지털화폐연구팀 및 디지털화폐기술반. 보도참고자료, https://www.bok.or.kr/portal/bbs/B0000502/view.do?menuNo=201265&nttId=10057475
한국은행(2022.1.25). CBDC 모의실험 연구사업 1단계 결과 및 향후 계획. 금융 결제국 디지털화폐기술반. 보도자료, https://www.bok.or.kr/portal/bbs/B0000502/view.do?menuNo=201265&nttId=10068650
한국은행(2022.11.7). 중앙은행 디지털화폐(CBDC) 모의실험 연구사업 2단계 결과 및 향후 계획. 금융 결제국 디지털화폐기술반. 보도자료, https://www.bok.or.kr/portal/bbs/B0000361/view.do?nttId=10080695&menuNo=201137
한국은행(2023.5.8). 「CBDC 모의시스템 금융 기관 연계실험」 결과. 금융 결제국 디지털화폐기술1팀. 보도자료, https://www.bok.or.kr/portal/bbs/B0000361/view.do?menuNo=201137&nttId=10080696
한국은행(2024). 만달라(Mandala) 프로젝트 최종결과 보고서. 지급결제조사자료 2024-1,

https://www.bok.or.kr/portal/bbs/B0000232/view.do?menuNo=200706&nttId=10087787

Bank of Korea & Bank for International Settlements(2023). Bank of Korea's CBDC project: a step toward new financial market infrastructure, https://www.bis.org/publ/othp77.htm

이건호

국민은행장을 역임했다. 현재 KDI국제정책대학원 초빙교수이며, 토스뱅크와 예금보험공사 사외이사로 활동 중이다. 서울대학교 경영대학과 동 대학원 경영학과를 졸업하고 미국 미네소타대학교에서 금융 전공으로 경영학 박사학위를 받았다. 한국금융연구원 은행팀장, 연구위원장 등을 역임하면서 다수의 은행 컨설팅과 정부 금융 정책 자문에 참여했다. 1997년 외환위기 이후 금융감독위원회 구조개혁기획단 어드바이저, 조흥은행 및 국민은행의 리스크관리 부행장을 역임했다. KDI국제정책대학원 MBA 및 자산관리 석사과정 주임교수를 역임하면서 재정경제부, 금융위원회, 금융감독원 등의 금융규제·감독 개선 TF, 금융발전심의회, 상호저축은행 경영평가위원회에 참여했고 우체국금융, 한국자산관리공사, 상호저축은행중앙회, 행정공제회, 고용보험기금, 전국새마을금고연합회 등의 비상근 리스크관리위원으로도 활동했다. 저서로 『인공지능과 블록체인』(2024), 『블록체인과 국가』(2023),『토큰 증권』(2023), 『탈중앙화와 크립토 시스템』(2022), 『코인의 과거, 현재, 미래』(2022), 『비트코인의 방법』(2021), 『이건호의 뱅크엑스』(2017), 『위험 관리론』(1999), 『ALM I』(공저, 1997), 『ALM II』(공저, 1997)가 있다. 그 외 다수의 학술 논문과 연구 보고서를 발표했다.